Charlie "T." Jones

LA VIE EST MAGNIFIQUE

On ne naît pas leader, ON LE DEVIENT!

Les éditions Un monde différent ltée
3925, boulevard Grande-Allée
Saint-Hubert (Québec)
Canada J4T 2V8
(514) 656-2660

12.603

LA VIE
EST MAGNIFIQUE

DISTRIBUTION:

Pour le Canada:

Les messageries ADP
955, rue Amherst
Montréal (Québec) H2L 3K4
Tél: (514) 523-1182

Pour la France:

Dervy livres
Z. I. Pariest-Allée des frères Mongolfier
77325 Croissy-Beaubourg,
Paris (France)
Tél: 60 17 51 60

Pour la Belgique:

Vander, s. a.
321, Avenue des Volontaires
B — 1150 Bruxelles, Belgique
Tél: (32-2) 762 9804

Dépôts légaux: 2e trimestre 1979
Bibliothèque nationale du Québec
Bibliothèque nationale du Canada

Troisième édition, 1991

Conception graphique de la couverture:
SERGE HUDON

Photocomposition et mise en pages:
COMPOSITION MONIKA, QUÉBEC

ISBN: 2-89225-086-2

Je dédie ce livre à

Jim Baker, Don Baldwin, Jack Franck, E.V. Goldsmith, Karl Goslin, John Haggai, Jack Hartman, Bob Hawkins, Jeff Jones, Jere Jones, Jay Kesler, Garry Kinder, Jack Kinder, Tom «Eb» Lester, Tony Lordy, Ken Markley, Rév. Don Miller, Warren Nelson, Paul Nyberg, Don Rodgers, Larry Hinson,
tous ces jeunes hommes ont su prouver — parmi tant d'autres — que

LA VIE EST MAGNIFIQUE!

Je remercie tout spécialement

les hommes et les femmes cités dans cet ouvrage, dont les déclarations passionnantes animent ce livre d'une vitalité extraordinaire.

Caricatures de Wayne Stayskall

La vie est magnifique! Elle l'est vraiment. Il vous est possible d'être heureux, impliqué, utile, productif, en bonne santé et confiant, au beau milieu d'une société écrasante de contraintes, commercialisée, automatisée et qui se nourrit de pilules. Ce n'est pas facile ni automatique mais on peut y arriver en développant en soi certaines qualités qui composent le trait de caractère du leadership. Et vous pouvez devenir un leader car on ne naît pas leader, on le devient! Êtes-vous prêt à vous lancer dans le leadership? Hoooooooooop, allons-y!

Table des matières

Je vous garantis que...

La lecture de ces pages sera pour vous l'une des choses les plus profitables que vous ayez jamais entreprises. Comment puis-je émettre une pareille garantie? Ces 12 derniers mois, j'ai partagé ces idées avec des compagnies qui, toutes ensemble, ont accumulé un chiffre de ventes de plus de 20 000 000 000 $. Plusieurs de ces grands vendeurs et directeurs sont revenus avec leurs familles assister plusieurs fois à la même conférence de trois heures, dans une période d'un an. Les lettres que nous recevons de gens d'affaires, de maîtresses de maison, d'ecclésiastiques et d'étudiants d'université témoignent des effets révolutionnaires de ces idées.

Si vous voulez en profiter autant que les milliers d'autres personnes qui ont pu les apprécier, oubliez ce que je dis ici... mais oui, c'est ça: *vous ne devez pas vous rappeler de ce que je dis*. Et vous vous demandez: «Vous n'allez rien dire qui vaille la peine qu'on s'en souvienne?» Mais oui, mais la valeur de ce livre n'est pas que vous vous rappeliez ce que je dis, mais que vous vous souveniez de ce que vous pensez en lisant ce que je dis. Je tiens à prouver que les pensées que provoque ce que je dis sont bien plus importantes que votre mémorisation de ce que je dis.

Je commence toujours mes conférences en demandant à tous de ne pas prendre de notes sur ce que je dis, car je crois que ce que l'on entend ne fait pas grand bien — si c'était le cas, nous serions tous bien meilleurs que nous le sommes vraiment! Nous avons tous certainement entendu un bon nombre d'instructions, de conseils, de règles et de suggestions, n'est-ce pas? Je m'arrête un peu sur ce point, mais ne vous impatientez pas.

Un jour, en sortant d'une réunion, un homme m'a dit: «Monsieur Jones, je vous parie que 10 % de ces gens ont oublié le 10 % de ce que vous avez dit 10 minutes après que vous l'ayez dit.» Il avait raison et c'est pourquoi, en parlant et en écrivant, je vise à ce que vous vous souveniez de ce que vous pensez et je vais plus loin encore, à vous faire penser à ce que vous savez déjà. Mon objectif numéro un est d'accélérer le mécanisme de votre pensée et de vous aider à cerner vos pensées les plus précieuses avec des mots pour que vous puissiez vous en imprégner et vous en servir. À partir de maintenant, concentrez-vous sur ce que vous pensez et je vous garantis qu'en suivant les lois du leadership, vous vivrez une aventure extraordinairement profitable.

> *Nous menons à bien les entreprises qui exploitent nos qualités positives, mais nous excellons dans celles qui nous font aussi utiliser nos défauts.*
>
> Alexis de Tocqueville

CHAPITRE 1

Le leadership,
c'est apprendre à VIVRE

L e leadership est une obligation et un privilège appartenant à chacun, jeune ou âgé, parce qu'il se base tout simplement sur ce que nous faisons. Chacun porte la responsabilité de ce qu'il doit faire. Si nous jouissons de ce privilège en nous acquittant de cette obligation, nous nous développons; si nous ignorons cette occasion, nous nous joignons aux violettes fanées de l'humanité. Le mécanisme de l'apprentissage est l'expérience la plus magnifique de la vie. Et le moment le plus triste est celui où quelqu'un pense qu'il en a assez appris.

Avez-vous déjà entendu ces derniers mots de conclusion: «Et ça, c'est une chose que j'ai apprise»? Vous savez ce qu'il a appris? *Rien!* Je me rappelle que je le disais aussi et un tout petit peu plus tard, je me trouvais en train de réapprendre tout ce que je pensais que je venais juste d'apprendre. Aujourd'hui, je suis presque sûr d'avoir appris une chose: que le mécanisme d'apprendre à vivre est MAGNGNGNI-

FIIIIQUE! Nous ne nous arrêtons de nous développer que lorsque nous arrêtons d'apprendre et ceux qui sauront apprendre cette simple vérité *se développeront* en âge sans jamais devenir vieux.

Un jour, un garçon traversait en barque une grande rivière avec un vieillard. Le vieillard attrapa une feuille qui flottait sur l'eau, l'étudia un moment, puis demanda au garçon s'il s'y connaissait un peu en biologie. «Non», lui répond le garçon, «je n'y connais rien». Le vieillard lui dit: «Mon fils, tu as manqué 25 % de ta vie.»

Un peu plus tard, le vieillard ramassa un caillou au fond du bateau. Il le retourna dans sa main étudiant sa couleur et demanda au garçon: «Mon fils, est-ce que tu t'y connais un peu en géologie?» Le garçon lui répond d'un air penaud: «Non, monsieur, je ne m'y connais pas.» Le vieillard lui dit: «Mon fils, tu as manqué 50 % de ta vie.

Le soir tombait et le vieillard contemplait l'étoile polaire qui commençait à scintiller. Au bout d'un moment, il demanda au garçon: «Fiston, est-ce que tu t'y connais un peu en astronomie?» La tête baissée et les sourcils froncés, le garçon avoua: «Non, monsieur.» Le vieillard lui dit d'un air sévère: «Fiston, tu as manqué 75 % de ta vie!»

À cet instant, le garçon remarqua que l'énorme digue qui se trouvait un peu plus haut commençait à s'écrouler et que des torrents d'eau se déversaient par la brèche. Il se tourna vivement vers le vieillard et lui demanda en criant: «Monsieur, savez-vous nager?» Le vieillard répondit: «Non». Le garçon lui cria alors: «*Vous venez de perdre 100 % de votre vie.*»

Si vous désirez être un *leader dynamique*, vous n'avez pas besoin d'apprendre toutes les méthodes et techniques de la vie, mais vous devez vraiment «apprendre à vivre» car le leadership n'est rien de plus que VIVRE.

Ce livre parle avant tout de vous et non de l'auteur. Il m'arrivera bien de me montrer ici et là pour vous présenter un mauvais exemple à éviter, mais cet ouvrage va parler de *vous*. De vous, par rapport aux lois de la vie que j'appelle les lois du leadership. Ceux qui ne conduisent pas les autres dans la vie ne vivent pas vraiment. Que vous vous en aperceviez ou non, d'autres vous conduisent dans chaque domaine de votre vie, que ce soit pour votre bien ou pour votre malheur. Et à chaque instant qui passe, vos propres responsabilités de leadership augmentent. La personne qui reconnaît ce principe ne s'ennuiera jamais alors que celle qui l'oublie ou qui l'ignore sera morte bien avant le jour de ses funérailles. Mon fils Jere a déclaré une fois qu'il s'intéressait à la vie après la mort, mais qu'il s'intéressait encore bien plus à la *vie après la naissance*. Nous devrions tous nous y intéresser!

Personne ne vit de lui-même. Il existe un «pays du moi» et un «pays du toi». Le pays du moi est un pays de solitude et ses rivages retiennent d'innombrables naufragés qui ont voulu quitter le pays du toi. Même s'ils se contentent de glisser dans le pays du moi, le résultat est identique: solitude et mort lente de gens qui n'ont jamais ressenti l'immense plaisir d'apprendre à vivre.

Premières étapes

Pour apprendre à vivre, vous devez commencer par développer une attitude positive et votre vision intérieure.

D'abord, vous devez apprendre à dire quelque chose de positif à chacun en tout temps.

Vous dites que ce n'est pas possible. Je ne vous ai pas dit que vous deviez le *faire*; je vous ai dit *d'apprendre* à le faire. Vous ne serez jamais parfait, mais vous pouvez toujours le développer.

Peut-être est-il vrai que 99 % de notre conversation est négatif. Certains sont pourtant impatients de pouvoir ouvrir la bouche et de présenter une autre pépite négative que les autres puissent admirer. Et je ne parle pas de flatterie mais de pessimisme ouvertement déclaré. Je suis persuadé que rien n'illuminera mieux l'atmosphère d'une compagnie, d'une église ou d'un foyer, qu'une personne enthousiaste qui prodigue aux autres des mots positifs. Je suis convaincu que *si nous le voulons*, nous sommes capables de dire quelque chose de positif à n'importe qui, sur n'importe quel sujet.

Avez-vous entendu l'histoire des deux gars en prison? Tom dit à Joe: «Où vas-tu?» «À la chaise électrique», répond Joe. «Chercher de la puissance!» lui dit Tom d'une toute petite voix.

Tom allait un peu à l'extrême mais le cœur y était. Voyez un peu l'effet différent que rend chacune de ces déclarations: «Cette pluie fiche tout par terre!» et «Regardez ce bel arc-en-ciel!» En prenant l'habitude de dire quelque chose de positif à chacun, vous n'au-

rez pas besoin de dire quelque chose à tout le monde; où que vous alliez, votre apparition rendra l'atmosphère positive. Mais si vous n'y travaillez pas, vous dériverez toujours près des rochers du pays du moi.

Une fois, un grand-père grincheux se couche pour faire sa sieste. Ses petits-fils, qui veulent s'amuser un peu, étalent du fromage à odeur forte sur sa moustache. Grand-papa se réveille en poussant un grognement et se précipite hors de la chambre à coucher en disant: «Cette chambre pue». Et il traverse ainsi toutes les chambres de la maison. Finalement, il se retrouve dehors et découvre que «le monde entier pue!» Cette sombre expérience ne peut arriver à une personne qui apprend à dire une parole positive à chacun.

Deuxièmement, apprenez à voir quelque chose de positif dans tout ce qui vous arrive.

Avez-vous déjà remarqué à quelle vitesse l'esprit atteint des conclusions négatives sur certaines choses que nous voyons et entendons? Par exemple, admettons que quelqu'un vous demande de venir au téléphone en vous annonçant: «C'est ton patron». Est-ce qu'instinctivement, vous pensez: «Fantastique, il veut me donner une augmentation?» Non, la plupart d'entre nous penseraient avant tout: «Bon, qu'est-ce que j'ai encore fait?» ou «Qui lui a dit?»

Je crois que l'une des habitudes les plus importantes à cultiver est de trouver quelque chose de positif à tout ce qui nous arrive. Vous pouvez penser que c'est un peu bête de chercher quelque chose qui n'existe pas. Vous avez absolument raison, mais je vous supplie de devenir un réaliste positif et de voir la chose positive qui est déjà là.

Avez-vous déjà entendu l'histoire des deux adeptes de la pensée positive à la prison de l'armée? L'un dit à l'autre: «Pour combien de temps es-tu en dedans?» «Trente jours.» «Qu'est-ce que tu as fait?» «Je suis arrivé en retard de mon congé et toi, pour combien de temps es-tu là?» «Trois jours.» «Qu'est-ce que tu as fait?» «J'ai tué le général.» «Comment se fait-il qu'on me donne trente jours pour avoir été en retard et qu'à toi, on ne te donne que trois jours pour avoir tué le général?» «Ils me pendent mercredi.»

Vous voyez, quand un homme veut vraiment trouver le positif de toute situation, il en est capable. Le problème de la plupart d'entre nous, c'est que nous ne voulons pas. Les bonnes choses de la vie n'arrivent pas facilement; elles sont gratuites, mais pas faciles à obtenir. Le développement de cette attitude vaut tout l'effort que vous allez y mettre.

Troisièmement, vous devez apprendre à voir grand et à le garder simple.

Au bureau, nous appelons cette formule SIB-KIS. Je n'ai jamais fait de publicité pour une formule de succès universel parce que j'ai appris qu'aucune d'entre elles ne va fonctionner à moins que *vous n'y*

Toute idée nouvelle est très fragile. Un ricanement ou un bâillement peut la tuer; un sarcasme peut la poignarder, et le froncement de sourcils d'un homme sage peut l'inquiéter à mort.

Charles Brower

travailliez. Ma formule ne fonctionnera pas nécessairement pour vous, mais il se peut qu'elle vous devienne profitable lorsque vous l'aurez adoptée.

Il y a des années, notre bureau a adopté la formule «SIB-KIS» et l'a écrite sur tous les bulletins, l'a gravée dans tous les cœurs et en a fait un mode de vie. SIB-KIS est l'abréviation de «*See It Big — Keep It Simple*» (Vois-le grand, garde-le simple).

J'entends quelqu'un dire: «Et en quoi est-ce que c'est si important?» Je vais vous dire en quoi c'est si important; c'est contraire à ma nature. Ma nature m'incite à voir les choses en petit et ensuite à les compliquer tellement qu'il n'y a plus rien à y faire. Je suis obligé de me rappeler constamment que même si j'ai la possibilité de trouver de l'aide à plusieurs endroits, dans ce domaine-ci, je suis seul. Personne ne peut voir grand et le garder simple, à ma place.

C'est extraordinaire d'apprendre que peu importe que vous puissiez voir les choses en grand et les garder simples, vous n'atteindrez jamais la perfection. Personne n'a jamais vu les choses aussi grandes qu'elles auraient pu l'être ni ne les a gardées aussi simples qu'elles le sont vraiment. Parfois, nous réussissons bien dans un domaine aux dépens d'un autre. Comme le petit garçon du coin avec son petit chiot aux grandes oreilles battantes.

Un vendeur passait par ce coin de rue à chaque jour et au bout d'une semaine, il commença à avoir pitié du garçon qui n'arrivait pas à vendre son petit chien. Le vendeur savait que le garçon ne voyait pas grand. Il s'arrêta et lui dit: «Fiston, veux-tu vraiment vendre ce chien?» Le garçon répondit: «Bien sûr.»

«Tu sais, tu n'arriveras jamais à le vendre tant que tu n'auras pas appris à voir grand. Je veux dire, emmène ce chien chez toi, nettoie-le, pomponne-le, augmente ton prix, fais penser aux gens qu'ils achètent quelque chose de grand et tu le vendras.»

À midi, le vendeur revient et voit le garçon avec un chiot pomponné, parfumé et paradant devant une énorme pancarte: «À vendre — chiot MAGNGNGNI-FIIIIQUE — 5 000 $.

Le vendeur sursaute en se disant qu'il a oublié de dire au garçon de le garder simple. Le même soir, il arrête voir le garçon pour présenter la deuxième partie de la formule et s'aperçoit que le garçon n'est plus là, que le chiot n'est plus là lui non plus et qu'il ne reste plus que la pancarte placardée d'un énorme «VENDU».

Le vendeur n'en croyait pas ses yeux. Le gamin ne pouvait pas avoir vendu le chien pour 5 000 $. Il se laisse emporter par sa curiosité et sonne à la porte des parents du garçon. Quand ce dernier arrive devant lui, le vendeur s'écrie: «Fiston, tu n'as pas vraiment vendu ce chien pour 5 000 $, n'est-ce pas?» Le garçon lui répondit: «Oui, monsieur et je voulais vous remercier de m'avoir aidé.»

Le vendeur lui dit: «Comment pour l'amour du ciel y es-tu arrivé?»

Le garçon lui répondit: «Oh! ce fut facile. Je l'ai juste échangé contre deux chats de 2 500 $ chacun!»

Faites attention de ne pas *vous* attirer d'ennuis en voyant grand sans rester simple ou peut-être en restant simple sans voir grand. Mais en apprenant à voir

un peu plus grand et à rester un peu plus simple, vous ferez des expériences magnifiques.

Souvenez-vous qu'aucune école, ni personne, ne peut vous enseigner ceci. Cela doit sortir de votre cœur et vous apprenez maintenant ce procédé en faisant ce que vous faites. Disciplinez-vous à voir un peu plus grand et à rester un peu plus simple, sinon les autres choses que vous apprenez ne vous servent à rien, parce que vous n'avez aucun autre moyen d'utiliser votre nouvelle habileté ou votre capacité améliorée.

En apprenant à dire quelque chose de positif à tout le monde sur tout et tout le temps, en disciplinant votre esprit à voir quelque chose de positif dans tout ce qui vous arrive et en apprenant à voir grand et à le garder simple, vous avez là la fondation sur laquelle construire une vie régulière et croissante.

Ce qui ne signifie pas que tout va devenir plus facile. Bien au contraire. Nous savons que quand quelqu'un commence à se développer, les obstacles deviennent plus grands et plus difficiles à surmonter. Mais dans la lutte, il y a de l'excitation et du progrès. La vie devient plus facile seulement quand vous descendez la pente.

Pourquoi et non comment

Avez-vous déjà remarqué la quantité de personnes qui passent leur temps à apprendre comment faire? Et une fois qu'ils l'ont appris, ils n'accomplissent que très peu de choses avant de se remettre à chercher un nouveau comment faire. Et dès qu'ils ont maîtrisé cette dernière façon, quelqu'un arrive avec un nouveau comment faire. Dans tous les domaines, la compétence technique est certainement nécessaire, mais la clé de l'utilisation du savoir, c'est de *savoir pourquoi*.

Toutes les grandes organisations de notre pays et les vies exceptionnelles que rapporte l'histoire se sont bâties à partir d'un «pourquoi?». Vous pouvez bien enseigner à quelqu'un comment faire quelque chose mais ceci n'assure pas qu'il le fera. Mais laissez-le découvrir le *pourquoi*, et il apprendra le *comment* malgré tous les obstacles qui s'opposeront à lui. La clé n'est pas comment vivre mais *pourquoi vous vivez*. Poussé par cette motivation, vous continuerez de vous développer.

Pourquoi lisez-vous ce livre? J'espère que c'est dans l'attente positive de trouver les réponses aux questions que vous vous posez sur la vie et le leadership. Les réponses vous arriveront de votre propre cerveau-ordinateur à mesure que je vous présenterai certains pourquois.

Pourquoi est-ce que certaines personnes ne font qu'*exister* au lieu de vivre leur vie magnifique? Je ne peux pas répondre pour tous ceux qui endurent leur mort vivante, mais je crois que pour la plupart des gens, le seul problème vient de ce qu'on ne leur a jamais vendu la vie magnifique.

Au début, j'ai mentionné que chacun avait été conduit, pour le meilleur ou pour le pire, dans tout ce qu'il a fait toute sa vie. À moins qu'une personne ne devienne, dans tous les domaines de la vie, un «vendeur» de ses opinions et de ses actions, elle n'apprendra jamais grand-chose sur la vie parce que

la vie, c'est un engagement avec la réalité, et la réalité la plus profonde, c'est le genre humain. Nous dirigeons d'autres personnes constamment, de façon inconsciente ou délibérée, par notre action, ou en réveillant leurs souvenirs dans une direction ou une autre. Chaque fois que nous nous trouvons avec quelqu'un, soit un enfant, un adulte, un client ou un vendeur, nous lui «vendons» nos valeurs. Notre problème, c'est que souvent nous ne voyons pas ce que nous faisons ou pourquoi nous le faisons. Tous les gens qui cultivent de bons motifs veulent faire plus qu'exister; ils veulent contribuer, avoir l'impression d'être importants, d'être acceptés par les autres. La meilleure façon d'atteindre ces buts et plusieurs autres est de suivre la méthode magnifique d'apprentissage de la vie.

Rêvez et visez toujours plus haut que ce que vous pensez être capable d'accomplir. Ne vous contentez pas de faire mieux que vos contemporains et vos prédécesseurs; cherchez à être meilleur que vous-même.

Anonyme

CHAPITRE 2

Les sept lois du leadership

Dieu a établi certaines lois dans son univers et ces lois n'épargnent personne. Trop souvent, des gens mal motivés appliquent de bonnes lois à de mauvais objectifs, alors que des gens bien motivés assument que la sincérité et le zèle suffiront à leur apporter le succès. Les bons objectifs de ces derniers n'obtiennent pas de bons résultats parce qu'ils n'ont pas su appliquer les bonnes lois. Donc, je désire discuter de sept lois absolument rigoureuses. Les suivre vous assurera une aventure magnifique dans la vie. Soit que vous les utilisiez et qu'elles agissent *pour* vous ou que vous les ignoriez et qu'elles agissent *contre* vous.

La première loi du leadership:

Apprenez à vous passionner pour votre travail

C'est une loi qui réussit toujours. Elle se défend d'elle-même. C'est tout autre chose que de dire: la première loi du leadership est le travail. On entend de temps à autre quelqu'un déclarer: «Montrez-moi un homme qui travaille et je vous montrerai un homme qui réussit.» Et je lui réponds: «Montrez-moi un homme qui dira cela et je vous montrerai un imbécile.» Le travail en lui-même ne suffira pas. Je me suis déjà presque tué au travail une douzaine de fois.

Comment se fait-il que certaines personnes travaillent, travaillent et travaillent, sans jamais obtenir de résultats, alors que d'autres ne semblent pas travailler et obtiennent des résultats spectaculaires? La première loi du leadership ne parle pas de *travail* comme on l'entend généralement, bien qu'il faille travailler, mais d'*apprendre à vous passionner pour votre travail!*

Mais un individu me dit: «Monsieur Jones, ne savez-vous pas qu'il est facile de se passionner pour un travail prestigieux comme le vôtre ou comme celui d'un directeur exécutif? Si vous faisiez le métier dégoûtant que je fais, vous ne parleriez pas comme ça.»

Je vais vous dire un secret. Le «travail», où que vous le trouviez, suppose seulement une seule catégorie de choses: les détails, la monotonie, la préparation, l'effort, la fatigue. Et ces choses-là, nous devons tous les dominer quel que soit notre travail.

Bien sûr qu'il est facile de me passionner pour quelque chose que je ne fais pas. Mais si je suis obligé de le faire et que je doive apprendre, me développer, faire des plans, persévérer, alors ce n'est plus drôle de travailler. Mais la première loi du leadership me demande de me passionner pour *mon* travail et non pour le travail d'un autre. Et pas non plus pour un

travail que je ferai peut-être un jour. La première loi du leadership me demande de me passionner pour le travail exécrable que je dois faire maintenant! Et vous savez, si je peux en devenir passionné alors qu'il est exécrable, comme tout sera magnifique si un jour il me devient agréable!

Juste après avoir reçu son diplôme et avoir été nommé deuxième de son école *Ivy League*, un jeune homme est venu me voir à mon bureau. Il m'a dit: «Monsieur Jones, j'ai entendu parler de vous. J'ai passé des entrevues dans telle et telle compagnie et aucune d'entre elles ne m'a vraiment plu. Je me suis dit que vous pourriez m'aider à trouver ce qu'il me plairait vraiment de faire.»

«Oh! encore un de ces pauvres individus!» ai-je pensé. «Je vais lui passer un petit traitement choc.» Je lui ai répondu: «Vous voudriez que *moi*, je vous aide à découvrir ce que *vous* aimeriez faire? Comment est-ce que je pourrais vous aider à trouver ce que vous aimeriez faire alors que je n'ai même pas trouvé ce que j'aimerais faire?»

Nous ne considérons pas le travail manuel comme une malédiction ou une amère nécessité même pas comme un moyen de gagner sa vie. Nous le considérons comme une grande fonction humaine, comme la base de la vie humaine, la chose la plus digne dans la vie de l'être humain et il doit être libre, créatif. Les hommes doivent en être fiers.

David Ben-Gurion

Il dit: «Vous n'aimez pas ce que vous faites?» Je lui réponds en hurlant: «Je le *déteste!* On ne me paie pas bien cher pour faire les choses que j'aime faire!»

Voulez-vous savoir ce que j'aime faire? J'aime me détendre; j'aime *parler* de mon travail. J'aime les vacances, les congrès, les bonis, les augmentations de salaire, les longs déjeuners. Et qu'est-ce que j'obtiens? Des maux de tête, des déchirements et des refus!

Mais savez-vous ce que j'ai appris? Si je ne me passionne pas pour ce que je n'aime pas faire, je n'obtiens pas grand-chose que j'aime pour m'y passionner.

J'ai appris que la vie ne signifie pas: faire ce que vous aimez faire. La vraie vie c'est de faire ce que vous *devez* faire. J'ai appris que les gens qui font ce qu'ils aiment découvrent un jour ou l'autre que ce qu'ils croyaient qu'ils aimaient faire, ils n'aiment pas le faire, mais que ceux qui apprennent à faire ce qu'ils n'aiment pas faire mais qu'ils doivent faire, découvrent un jour ou l'autre qu'ils aiment faire ce qu'ils croyaient ne pas aimer faire.

Quand j'avais 25 ans, je gagnais 10 000 $ par année à faire des choses que je n'aimais pas faire. À 30 ans, on me payait 25 000 $ par année pour faire des

---

En fait, le monde des affaires est plus agréable que le plaisir même; il passionne tout l'esprit, intéresse l'ensemble de la nature humaine plus régulièrement et plus profondément. Mais ceci n'est pas une chose évidente.

Walter Bagehot

choses que je n'aimais pas faire. À 35 ans, ils me payaient 50 000 $ par année pour faire des choses que je n'aimas pas faire. Les salaires n'étaient pas ce qui donnait de la valeur à ces postes, mais plutôt mes efforts et les résultats que j'obtenais. Dans la vie, il ne s'agit pas de faire ce que vous aimez faire, mais de faire ce que vous devez faire et ce que vous avez besoin de faire!

Je suis heureux d'être né à temps pour vivre cette vieille chose que l'on a appelée la dépression. Pendant cette période, tout le monde apprenait une chose en particulier, sans devoir suivre des cours de psychologie ou aller à l'école: la chose la plus passionnante du monde était de pouvoir travailler! Avoir du travail, quel qu'il soit, était un privilège!

De nos jours, tout le monde cherche exactement le travail qui lui convient. Parfois j'entends quelqu'un dire: «J'essaie de trouver un travail qui me convienne.» Et je lui réponds: «Je vous souhaite de trouver mieux que ça!» Il nous faut apprendre que Dieu n'a jamais créé de travail qui puisse faire un homme, mais que tout homme capable de se passionner pour son travail peut créer un métier.

Lorsque vous verrez un homme qui va dans la vie en grimpant un après l'autre les échelons du succès, vous verrez quelqu'un qui sait qu'il ne mérite rien et qu'il doit tout. Mais aussitôt qu'il se trouvera à un poste où il pensera qu'il ne doit rien et qu'il mérite tout, il commencera à redescendre la pente avant même de s'en rendre compte. Regardez un peu autour de vous, vous verrez que je dis vrai.

Pourquoi l'enthousiasme que l'on porte à son travail est-il si important pour le succès? Permettez-moi de vous raconter l'histoire de celui qui a rêvé qu'il héritait d'un million de dollars. Il rêva qu'en allant prendre sa douche ce matin-là, la douche ne fonctionnait pas. Il s'est mis à se raser et le rasoir ne rasait pas. Il alla prendre son café, mais la cafetière ne fonctionnait pas et le grille-pain ne chauffait pas. Il sortit prendre son journal, mais son journal n'était pas là. Il alla prendre son autobus, mais l'autobus ne venait pas. Il attendit 45 minutes et finalement un gars arrive en courant. «Qu'est-ce qui se passe donc ici?» demande-t-il, et le gars lui répond tout essoufflé: «Comment, vous ne savez pas? Tout le monde a hérité d'un million de dollars! Plus personne ne travaille!»

L'homme s'est réveillé juste à ce moment-là. Et il s'est levé et a joui d'une douche magnifique et d'un rasage magnifique et d'une tasse de café magnifique et d'une rôtie magnifique. Il a lu un journal magnifique et a attrapé un autobus magnifique qui l'a amené à un travail magnifique! Quelle différence, quand nous apprenons à nous passionner pour le travail que nous avons aujourd'hui!

Nombreux sont ceux qui pensent que l'enthousiasme et la joie sont des choses qui vous *tombent du ciel!* Mais, je vais vous le dire de tout mon cœur: le plus grand défi de votre vie sera d'apprendre chaque jour à vous passionner pour ce que vous faites.

Parfois, on entend quelqu'un dire: «Je suis en train de me préparer pour mon prochain emploi.» Vous feriez mieux de vous passionner pour celui que vous avez maintenant, sinon vous risquez bien de ne jamais en avoir d'autre! Êtes-vous passionné pour ce que vous faites? Il faut y *travailler*. Le travail, dans la vie, c'est d'apprendre à se passionner pour son travail. Dès que vous commencez à en apprendre un tout petit peu plus, vous êtes sur la bonne voie.

Le meilleur moyen de se passionner pour son travail, c'est de sentir à quel point il est important et urgent. *Je suis persuadé que le seul moyen d'entretenir les flammes de l'inspiration et de la grandeur qui brûlent dans nos cœurs est de développer ce sentiment d'urgence et d'importance de notre travail* — non pas du travail que nous allons faire, ni du travail que nous voudrions pouvoir faire, mais du travail que nous faisons maintenant.

Le sentiment d'urgence de votre travail vous signale qu'hier est disparu à jamais et que demain pourrait très bien ne jamais venir, mais que vous êtes responsable d'aujourd'hui. Il vous signale qu'en négligeant le travail d'aujourd'hui, vous ajoutez du poids au fardeau de demain; il vous aide à accomplir les tâches qu'aujourd'hui vous demande de faire.

Remerciez Dieu pour le sentiment d'urgence, qui a le pouvoir de métamorphoser un emploi ennuyant et servile en une glorieuse carrière. Le sentiment d'urgence n'est pas une solution finale, mais il vous fait déjà faire un pas de géant dans la bonne direction. Si vous ne ressentez pas l'urgence de votre travail, demandez à Dieu de vous la donner, quel que soit votre travail. Croyez fermement qu'Il vous exaucera, et agissez en conséquence. Au lieu de traîner dans la vie en cherchant quelque chose qui n'a jamais existé, passionnez-vous pour votre travail, et commencez à vivre!

Deuxième loi du leadership:

Employez ou perdez

Dieu donne à chacun certaines qualités, certaines caractéristiques, certains talents et lui dit: «Si tu utilises ce que tu as, je te le développerai, mais si tu ne t'en sers pas, tu le perdras.» *Employez ou perdez!* C'est une *loi*.

Un soir que je sortais d'un séminaire, un homme vint vers moi et me dit: «Charlie, penses-tu qu'il soit possible qu'un homme soit passionné pour son travail, qu'il y remporte beaucoup de succès et que, trois ans plus tard, il s'en trouve écœuré et regrette d'avoir même entendu parler de ce maudit boulot?»

Oh, oh... encore un qui ne connaissait pas la loi «*Employez ou perdez*». Vous voyez, un jour il était heureux du talent qu'il possédait et il s'en servait. Par conséquent, il progressait et se sentait heureux. Puis il a commencé à descendre la pente, à ne plus se servir de ce qu'il possédait et à le perdre. Un beau matin, il s'est réveillé en découvrant qu'il avait échoué. Les gens qui perdent ce qu'ils possèdent, rejettent en général le blâme sur quelqu'un d'autre. Mais remarquez bien une chose: personne n'est un raté tant qu'il ne blâme pas quelqu'un d'autre. Tant que vous acceptez la responsabilité de votre échec, *vous* n'êtes pas un raté, parce que vous êtes encore en mesure de corriger la situation!

Avez-vous déjà entendu parler des cambrioleurs raffinés qui opèrent partout dans le monde? Un soir, ils ont cambriolé un magasin de chaussures. Ils ont sorti toutes les chaussures de leurs boîtes et, très

soigneusement, ont replacé les boîtes bien en ordre sur les étagères. À la fin de leur long travail, ils ont laissé le magasin exactement comme il était quand ils y sont entrés — avec la seule différence qu'il ne restait plus un soulier dans les boîtes!

Le lendemain matin, le gérant est arrivé, jovial, comme d'habitude, et a tenu une rapide réunion de vente avec ses employés. Puis, quand la première cliente est arrivée, il a envoyé son meilleur vendeur: «Occupe-toi d'elle, Bill.»

Bill s'est précipité. «Bonjour, madame», dit-il, «Mettez votre beau petit pied ici. Oh! Quel joli pied! Nous avons un modèle de Paris qui vous ravira. Voilà... excusez-moi, madame, il y a quelque chose qui ne va pas. Madame, ce n'était pas le bon soulier. Je veux vous montrer un modèle qui a été dessiné pour un pied merveilleux comme le... oups, ce n'est pas celui-ci non plus. J'avais mis de côté une paire pour ma femme; ceux-ci vous plairont vraiment. Regardez ça, madame... ouh, un instant, madame. Je reviens tout de suite.»

«Patron, nous avons des problèmes.

— Comment, des problèmes?

— Patron, nous n'avons pas de souliers.

L'homme se sent soulagé et heureux lorsqu'il a fait son travail de tout son cœur et de son mieux; mais tout ce qu'il n'a pas accompli ainsi ne le laissera jamais en paix.

Ralph Waldo Emerson

— Comment, nous n'avons pas de souliers? Et toutes ces boîtes, alors?

— Patron, toutes ces boîtes sont vides!»

Oui, monsieur. Ce magasin avait été cambriolé et le pauvre propriétaire ne le savait même pas! Et voilà ce qui est arrivé à ces millions de personnes qui se sont fait voler parce qu'elles n'ont pas observé la loi «*Employez ou perdez*».

Faisons un petit inventaire de notre réserve de caractère. Beaucoup de gens n'apprennent pas la loi «*Employez ou perdez*». Cette loi affirme que si vous ne vous servez pas de ce que vous possédez, vous le perdez. Si vous utilisez ce que vous possédez, vous en recevrez plus encore.

Certains types disent: «Comment se fait-il que je sois deux fois plus intelligent que lui et qu'il fasse deux fois plus d'argent que moi?» Je vais vous le dire pourquoi. Il voit à utiliser ce qu'il possède et il en reçoit toujours plus.

Ouvrons un peu quelques-unes des boîtes que vous avez sur votre étagère. Comment va votre *engagement total*? L'avez-vous vérifié récemment? Si vous en avez et que vous vous en servez, vous en recevez toujours plus. Si vous en avez et que vous ne l'utilisez pas, vous le perdez.

Je dis aux jeunes gens: «Si un jour on vous offre un emploi en plus de votre travail — quelque chose de plus important que ce que vous avez fait jusqu'à maintenant — exigez une fortune!» Parce que si vous renoncez au peu d'engagement total que vous avez, vous tomberez en faillite. Tout ce que votre main trouve à faire, faites-le de toute votre force. Si vous utilisez votre engagement total, vous en recevrez plus encore, et plus vous aurez d'engagement total, plus vous pourrez obtenir les choses que vous désirez vraiment.

Bon, vérifions votre *sincérité*. Et vous dites: «Bravo, je suis bien content que vous parliez de ça, parce que c'est mon côté le plus fort.»

Je ne parle pas du genre de sincérité que vous endossez pour arriver à vos fins. Nous savons tous jouer les sincères. Je parle de la vraie sincérité naturelle. Je parle de celle qui se développe si vous en possédez et que vous vous en servez, mais qui disparaît si vous en possédez peu et que vous ne l'utilisez pas.

L'année dernière, après avoir parlé à un congrès qu'une compagnie donnait à Hollywood Beach, je suis allé voir mon père à Pompano Beach. Je n'avais que le temps de m'y rendre, de lui dire que je l'aimais, de le serrer rapidement dans mes bras et de repartir en vitesse. Je n'avais pas eu le temps de déjeuner et

Sans loyauté, on ne peut rien accomplir, dans quelque domaine que ce soit. Celui qui rend loyalement et humblement service sera choisi pour remplir des fonctions plus importantes, tout comme le serviteur de la Bible qui, ayant fait multiplier le denier que son maître lui avait confié, a été nommé gouverneur de dix cités, alors que le serviteur qui n'a pas fait fructifier le denier qu'il avait reçu a perdu tout ce qu'il avait.

B.C. Forbes

je mourais de faim lorsque je m'aperçus que je man-
quais d'essence. Je me suis dit: «Je vais faire d'une
pierre deux coups; je vais demander de l'essence et
courir à l'épicerie acheter un sandwich à la crème
glacée.»

Je suis entré dans la station-service et j'ai arrêté
ma voiture derrière celle de quelqu'un d'autre.
Comme je sautais de la voiture, carte de crédit en
main, un type est arrivé près de mon auto avec un air
nonchalant. Je lui ai dit d'un air pressé: «Tenez, prenez cette carte et remplissez le réservoir. Je reviens
dans une minute.» Et il me répond: «Qu'est-ce que
vous essayez de faire, me mêler complètement?»

Mon ventre affamé a sauté et lui a répondu d'un
ton coupant: «Prenez cette carte et remplissez ce réservoir ou je m'en vais acheter mon essence ailleurs.»

Et je suis parti acheter mon sandwich à la crème
glacée. J'avais à peine traversé la rue quand une
pensée m'a foudroyé: je venais de perdre un peu de
ma sincérité et je n'en avais pas assez pour me per-
mettre d'en perdre. Je ne pouvais plus attendre de
retourner à la station-service et de m'excuser auprès
du type. En y retournant, je lui ai dit: «Mon ami, j'ai
été dur avec vous tout à l'heure et je tiens à m'en
excuser. Je suis désolé.» Vous savez ce qu'il m'a répondu? «Ce n'est rien. *Tout le monde est dur avec moi!*»

Oui, nous vivons dans un monde où beaucoup
de gens s'efforcent d'être durs les uns avec les autres.
Nous savons comment jouer la sincérité, mais nous
ne savons pas tellement être sincères, n'est-ce pas?
L'une des plus belles choses au monde est d'apprendre à devenir un être humain simple, plein de sens

commun et sincère. Si un plus grand nombre d'entre nous pouvait apprendre ceci un petit peu mieux, peut-être que nos enfants nous imiteraient au lieu de nous détruire.

C'est si facile de reconnaître un hypocrite. Je les vois venir à six kilomètres — il faut être comme eux pour les reconnaître, vous savez! J'ai découvert que certaines choses que je n'aime pas voir chez les autres sont des reflets de mes propres défauts — et depuis, je suis bien plus tolérant!

L'une des plus belles choses du monde, c'est de voir une personne qui possède un peu de sincérité et qui s'en sert, avec ses voisins, sa famille, les garçons d'ascenseur, les serveuses, *tout le temps*. Si vous n'utilisez pas ce petit peu de sincérité que vous possédez, vous êtes en train de le perdre. On ne peut pas contrefaire ou fabriquer la vraie sincérité. Et comme c'est beau de rencontrer quelqu'un qui est réellement, simplement et vraiment sincère. C'est tout simplement magnifique!

Vérifions donc votre boîte de *loyauté*. J'entends quelqu'un dire: «Oh, je suis aussi pas mal bon à ça.» Ouais, je sais ce que vous voulez dire. Beaucoup de gens pensent que la loyauté est une chose que l'on donne contre ce que quelqu'un d'autre vous a donné. Ce n'est pas de la loyauté, ça. La loyauté est une chose que l'on donne sans penser à ce que l'on va recevoir en retour et plus vous donnez de loyauté, plus vous en recevez. Et la loyauté déverse d'autres grandes qualités.

Certains disent: «Ça vous coûtera cher d'être loyal à une famille ou à une compagnie» — mais pensez à ce que vous devrez payer si vous n'utilisez pas votre loyauté.

Et est-ce que ça vous plairait d'appartenir à un groupe au sein duquel personne ne donnerait sa vie pour ce à quoi il croit? Vous ne pouvez pas changer le monde, mais vous pouvez vous changer vous-même en utilisant ce que vous possédez et en en recevant un petit peu plus. Je ne connais aucune autre façon de gagner de la loyauté que d'utiliser et de développer celle que l'on possède déjà.

Et votre *discipline*? Je pense qu'il n'y a rien que je déteste plus que la discipline. Je l'ai toujours détestée. Je me souviens de mon père disciplinaire. Il me disait presque chaque matin: «Mon fils, ceci me fait plus mal qu'à toi». Je lui répondais: «Papa, si ça te fait si mal, pourquoi est-ce que tu continues à la faire?» Je détestais la discipline.

Mais plus tard, dans la vie, j'ai appris — excusez-moi, j'ai *commencé à apprendre* — que cette chose que l'on appelle discipline est l'une des plus belles qualités qu'un homme puisse développer en lui-même. La discipline est une qualité. Vous partez avec un tout petit peu de cette qualité, vous vous soumettez à une autorité, à un emploi et à un objectif et vous en apprenez un peu plus sur la discipline.

Celui qui n'apprend pas la discipline en se soumettant à une autorité peut essayer de s'infliger toute la discipline personnelle qu'il veut, il n'y arrivera jamais! Il n'a pas la discipline qui lui permette d'appliquer de la discipline. Beaucoup de gens échouent parce qu'ils refusent d'exercer cette qualité essentielle. Même dans vos moments de découragement et d'échec, la discipline vous poussera à continuer à vous occuper de façon constructive pendant vos périodes de doute, d'inquiétude et d'apitoiement sur vous-même.

Certains d'entre nous sont dans de bonnes dispositions: «Je ferais n'importe quoi, sauf de...» Ne dites jamais ça! Sinon, c'est justement ça que vous devrez faire pour commencer à apprendre cette qualité dont vous avez autant besoin que du reste — la discipline.

J'espère que vous n'avez pas laissé le cambrioleur raffiné dérober votre inventaire de qualités pendant que vous ne le surveilliez pas. N'oubliez pas, il cherche constamment à s'attaquer à vous et moi. La seule façon d'obtenir plus de ce dont vous avez besoin est d'utiliser ce que vous possédez.

Troisième loi du leadership:

La perfection dans la production

De temps en temps, je rencontre un homme qui me dit: «Vous savez, je ne crois pas aux mauvais départs. Quand je fais quelque chose, ça doit être parfait.»

Je ne sais pas si vous avez entendu parler du magasin de vêtements de Sam, mais Sam était tout un bonhomme. Il connaissait la loi de la perfection dans la production. Un jour, Jean est venu voir Sam. Il lui a dit: «Sam, je veux acheter un complet.»

Sam lui dit: «Ba-a-a-ah!»

L'autre lui dit: «Comment, Ba-a-a-ah?

— Nous ne vendons pas de complets ici.»

Jean lui demande: «Et qu'est-ce que c'est, toutes ces choses-là?»

Sam lui répond: «Vous comprenez, heu, quand vous venez ici acheter un complet, ce n'est pas — regardez, venez un peu par là — ce n'est pas comme si nous pouvions vous en vendre un comme ça, du portemanteau. Quand vous venez ici acheter un complet, c'est un projet! Nous en faisons une transaction. Nous devons connaître votre vraie personnalité. Nous devons connaître votre comportement et vos aptitudes, ce que vous aimez et ce que vous n'aimez pas. Et quand nous connaissons votre vraie personnalité, nous choisissons la laine qui vous conviendra à la perfection. Nous allons même jusqu'en Angleterre pour choisir le mouton adéquat. Et la doublure de soie — nous allons au Japon choisir la soie appropriée; nous choisissons même le ver assorti! Et les boutons — nous allons en Alaska choisir l'élan aux bois aplatis en éventail pour les fabriquer.»

Celui qui ne laisse rien au hasard mène peu de choses à mauvaise fin, mais il ne mène que très peu de choses.

Charles Beaudelaire

Vous ne vous heurterez jamais l'orteil en restant immobile. Plus vous irez vite, plus vous risquerez de vous heurter l'orteil, mais plus vous aurez de chances d'arriver quelque part.

Charles F. Kettering

Jean l'interrompt: «Un instant, Sam. Il me faut ce complet pour aujourd'hui!»

Sam murmure suavement: «Vous l'aurez!»

Bien sûr, je crois que les choses doivent être bien faites. En fait, je prie Dieu très souvent et c'est un cri du cœur: «Mon Dieu, permettez que je fasse une seule chose bien, avant de mourir.» Mais j'ajoute: «En attendant, Seigneur, aidez-moi à faire *quelque chose!*»

Il y a une loi qui dit que si vous n'apprenez pas à faire quelque chose aujourd'hui, vous ne saurez pas grand-chose sur la perfection demain. En tant que jeune vendeur, j'apprenais ceci à chaque pas que je faisais. En tant que mari, père de famille, maître d'école du dimanche — et tant d'autres activités — j'étais satisfait de faire *quelque chose*, parce que, même si je les avais mieux accomplis un peu plus tard, beaucoup de ces «quelque chose» n'auraient peut-être jamais été accomplis du tout.

Si vous vous spécialisez dans la perfection, vous ne produirez pas beaucoup plus que des rêves irréalisés. Mais la *production* vous enseignera chaque jour quelque chose sur la perfection.

Quatrième loi du leadership:

Donnez pour recevoir

«Je crois vraiment à cette loi» dit quelqu'un. «C'est mon grand-père qui me l'a apprise. Et ma femme le dit aussi. Et la semaine dernière, le pasteur a justement prêché à ce sujet. Il a dit: «Si vous donnez, vous recevrez!»

N'y croyez pas! Ce n'est pas vrai!

Vous avez entendu le gars qui disait: «Vous voyez, tout le secret de mon succès, c'est: J'ai donné. Oui, j'ai donné, donné, donné» («et voyez tout ce que j'ai obtenu» semble-t-il dire).

Les gens qui donnent dans le but de recevoir seraient bien mieux s'ils ne recevaient rien. Je connais des gens qui se sont fait ruiner parce qu'ils n'avaient pas obtenu ce qu'ils pensaient avoir — *ils se sont fait avoir* et c'est bien différent!

Et ceci n'est pas juste un jeu de mots. Il *existe* un «donner pour recevoir» sain, mais qui est bien bien différent de la signification qu'on lui donne habituellement. *Le leadership, c'est apprendre à donner, que vous receviez quelque chose ou non!* Quand vous donnez quelque chose dans le but de recevoir quelque chose, *vous ne donnez pas* dans le vrai sens du mot, *vous troquez!*

En fait, nous ne savons pas tellement donner. Vous rendez-vous compte que l'un des plus grands problèmes dans le mariage vient du fait que nous savons si peu donner? Nous savons troquer à la perfection, mais pas donner.

Lorsqu'une personne *apprend à donner, qu'elle reçoive quelque chose ou non,* elle donne vraiment. Et plus vous donnez — que vous receviez quelque chose ou non — plus votre capacité de donner augmente. Cette capacité croissante forme un réservoir prêt à vous fournir une denrée vendable, facile à débiter, qui vous permettra de produire et de donner en tout temps, de vivre en toute confiance et en toute sécurité, au sein d'un monde qui vit dans l'affolement (et ceci, quoi qu'en dise votre compte en banque).

Vous pouvez perdre votre réputation, votre foyer et même votre famille, mais vous ne pouvez pas perdre votre capacité de donner, *à condition que vous appreniez à donner*. Mais *vous ne donnez pas vraiment* si vous donnez en attendant de recevoir en retour autre chose qu'une plus grande capacité de donner.

Une fois, un type m'a dit: «Vous savez pourquoi je ne peux pas travailler six jours par semaine, vingt heures par jour?» «Pourquoi?» lui ai-je demandé. «Parce que ce n'est pas mon entreprise à moi. Si c'était ma propre affaire, Dieu que je travaillerais! Mais ici, je n'ai pas l'intérêt du propriétaire. Si c'était une affaire que j'allais laisser à mes enfants, je travaillerais nuit et jour. Je...»

Un instant. J'ai travaillé comme employé dans une compagnie pendant seize ans. Pendant ces seize ans, je n'ai jamais travaillé pour la compagnie. Pour qui est-ce que j'ai travaillé? Je travaillais pour Charlie «T.» Jones et ses six petits affamés! Et combien de fois je me suis rendu compte de ce que je donnais et que ce que je gagnais en retour, c'étaient des maux de tête et de la misère, et puis problèmes sur problèmes. Mais je me rendais aussi compte que j'apprenais à donner, dans le vrai sens du terme.

Personne n'a jamais été honoré pour ce qu'il avait reçu. L'honneur est la récompense de ce qu'il a donné.

Calvin Coolidge

Un jeune entrepreneur, marié à la fille d'un entrepreneur a dû apprendre par la voie la plus dure. Le beau-père voulait lancer en affaires son nouveau gendre.

«Mon fils», lui a-t-il dit, «je ne veux pas que tu commences tout au bas de l'échelle, comme j'ai dû le faire. Alors je veux que tu ailles construire la maison la plus extraordinaire que cette ville ait jamais vue, avec tous les meilleurs matériaux que tu puisses trouver, fais-en un château et remets-la-moi.»

C'était une chance sur un million de se faire un bon coup d'argent. Il a construit à la hâte un édifice qui pouvait à peine survivre à deux coups de vent. En un rien de temps, il revint voir le cher bon vieux papa. «Voilà, papa, j'ai fini.

— Fantastique, c'est un palais, comme je te l'ai demandé?

— Oh oui, papa.

— Est-ce que c'est vraiment la plus belle maison que l'on ait jamais construite, mon fils?

— Oh oui, papa.

— Bon. Où est la facture? Est-ce que tu en as retiré un bon bénéfice?

— Oh oui, papa.

— Très bien. Voilà ton chèque. Où est l'acte de propriété?»

En lisant l'acte, le beau-père lui dit: «Je ne t'ai pas dit pourquoi j'ai voulu que cette maison soit la plus belle maison que l'on ait jamais vue. Je voulais faire quelque chose de spécial pour toi et ma fille, pour vous montrer tout l'amour que j'ai pour vous... Tiens, prends l'acte de propriété, va vivre dans cette maison, tu l'as construite pour toi-même!»

Le jeune chercheur d'or est reparti la mine basse et très frustré. Il avait pensé se faire une fortune sur le dos de son beau-père en économisant sur des matériaux à bon marché et en bâclant certains procédés, mais il s'était volé lui-même.

Entrepreneur ou non, vous construisez votre vie. Et l'on ne se bâtit une meilleure vie que sur une capacité croissante de donner. En donnant vraiment, on vit vraiment, car on crée une capacité de donner quelque chose que personne d'autre ne peut donner.

Je tiens à vous assurer que celui qui n'a jamais profité du plein potentiel de cette loi n'a jamais vécu. Personne, moi-même compris, ne sait vraiment bien donner. Mais grâce à Dieu, tout le monde peut apprendre un peu mieux la loi de: *Donner pour recevoir*. Et n'oubliez pas, vous ne recevez pas un cadeau en retour, mais la capacité d'avancer plus loin encore. C'est une loi qui vous fait grandir!

Cinquième loi du leadership:

S'exposer pour gagner de l'expérience

En nous mettant au monde, Dieu donne à chacun un porte-clés psychologique. Et Il nous donne une loi qui affirme: «Chaque fois que vous vous exposerez à une nouvelle situation, je vous donnerai une nouvelle clé pour votre porte-clés.»

Bientôt notre porte-clés est plein d'expériences et nous commençons à bien savoir choisir la clé qui pourra dénouer la situation dans laquelle nous nous trouvons. Celui qui n'apprend pas la loi de *S'exposer pour gagner de l'expérience* tourne en rond en essayant de trouver une clé qu'il n'a pas, ou qu'il a quelque part, mais qu'il ne trouve pas parce qu'il ne l'a jamais utilisée. Et puis, quand il trouve enfin la clé, quelqu'un d'autre s'est déjà emparé du gâteau.

Parfois, le type qui réussit à se gagner une grosse part du gâteau décide de se reposer et de la savourer. Il arrive à 40-45 ans et son salaire a augmenté régulièrement. «Il serait bien temps que je commence à m'arrêter», se dit-il. Son revenu ne cesse d'augmenter et son succès lui dit: «Il serait bien temps que je commence à profiter de ma récompense.»

Et c'est là que ça se gâte!

Qu'est-ce qui incite vraiment une personne à produire? C'est de savoir qu'il doit beaucoup et qu'il mérite peu. Mais dès que quelqu'un arrive au point où il se dit: «Je dois peu et je mérite beaucoup», il commence à descendre la pente.

Le plus gros mensonge qu'on ait jamais enseigné à l'homme est: «Le succès est une récompense dont il faut jouir.» Je ne connais personne qui se serve de son succès comme d'une récompense et qui soit vraiment heureux. On nous dit: «On demandera beaucoup à celui qui a reçu beaucoup.» Le succès n'est pas une

Les statistiques ne remplaceront jamais le jugement.

Henry Clay

récompense dont on peut jouir, mais une fiducie à administrer.

Je connais dans tout le pays des gens qui passeraient volontiers le reste de leur vie à la pêche, mais qui préfèrent rester dynamiquement actifs et ces gens vivent la plus belle période de leur vie.

Cette loi est passionnante parce que plus on la pratique, plus les choses s'améliorent avec les années. En accumulant les expériences, vous utilisez vos clés toujours plus souvent. Puis vient le temps où vous savez quelles clés ouvriront quelles portes, vous entrez pendant que les gens inexpérimentés cherchent fiévreusement à savoir s'ils en ont la clé. La personne plus âgée qui apprend la loi de *S'exposer pour gagner de l'expérience* n'a plus à regretter la résistance qu'elle avait autrefois; elle sait comment aller au cœur d'un problème et y trouver une solution.

Les gens les plus dynamiques et extraordinaires qui ont marqué ma vie avaient tous 60 ans ou plus. Certains avaient plus de 70 ans et l'année dernière, l'homme dont la vie m'a passionné avait plus de 80!

La plupart des gens, en vieillissant, perdent leur temps à souhaiter être encore jeunes. Je ne souhaite pas revivre ma jeunesse — je me suis beaucoup amusé, mais les jeunes sont malheureux en raison de toutes sortes de questions auxquelles ils ne trouvent pas de réponse — en tout cas moi, j'étais comme ça. Regardez donc certains de ces petits vieux dynamiques; leur exubérance pourrait détruire tous les programmes de l'âge d'or! Je suis persuadé que si vous pratiquez cette loi, chaque année deviendra plus magnifique que la précédente.

Il est regrettable que les gens *vieillissent* au lieu de prendre de l'âge *en se développant*. Ceux qui vieillissent ne suivent pas la loi de «*S'exposer pour gagner de l'expérience*». Vieillir signifie dériver et non se développer. Et vous devenez superficiel, cynique et ingrat. Mais si vous prenez de l'âge en vous développant, vous vous approfondissez, vous devenez plus riche, plus complet. C'est passionnant de prendre de l'âge en pratiquant la loi de «*S'exposer pour gagner de l'expérience*».

Mais il n'y a pas moyen d'apprendre cette loi de l'expérience sans s'exposer. Au début de ma carrière, je n'ai pas fait beaucoup d'affaires, mais je vous jure que je me suis beaucoup exposé et que le fait de m'exposer m'a apporté l'expérience qui, plus tard, m'a permis de traiter beaucoup d'affaires.

C'est une loi qu'il faut suivre intégralement. Vous êtes obligés de prendre la rue principale avec tout le trafic mais, au moins, vous arrivez à bon port.

Sixième loi du leadership:

Une planification flexible

Nous sommes à l'âge du planificateur, de l'organisateur. Vous allez à un séminaire et vous entendez un conférencier dynamique vous dire: «Montrez-moi un homme qui planifie et je vous montrerai un homme dont la vie sera un succès.» Je me dis (en moi-même, bien entendu): «Montrez-moi un homme qui dit ça et je vous montrerai un imbécile.»

Ne croyez jamais qu'il ne vous suffira que de planifier. J'avais pris l'habitude d'élaborer des plans pour finir tous mes plans et j'ai presque planifié ma faillite une demi-douzaine de fois. La planification ne peut pas être la solution.

Vous avez entendu le pauvre misérable grogner: «Je n'abandonne jamais. J'ai déjà essayé six plans mais je n'abandonne pas encore. Je fais un autre plan. Si celui-ci ne marche pas, j'en ai assez.» J'ai quelque chose à lui apprendre, moi. Il en a déjà assez!

Je crois fermement en la planification, mais la clé n'est pas la «planification», c'est la *planification flexible*. Ayez un plan, un plan flexible.

Savez-vous ce que signifie la planification flexible? Cela signifie: *tout ce qui peut aller mal... ira mal!* Mais oui! Et puisque nous savons que tout ce qui peut aller mal peut aller mal au mauvais moment, la *planification flexible* dit: Planifiez en vous attendant à ce que votre plan ne fonctionne pas afin d'avoir une autre alternative parce que: «*C'est mon plan!*»

Savez-vous que beaucoup de gens sont très malheureux parce qu'ils s'attendent à ce que tout aille bien? Ils *cherchent* vraiment le malheur! Moi, je m'attends à ce que tout aille mal alors, je suis constamment fou de joie! Un type intelligent m'a demandé: «Et si quelque chose allait bien?» C'est facile, je suis

---

Au milieu de toutes nos épreuves et nos calamités, nous pouvons nous consoler en remarquant que celui qui, en perdant quelque chose, a gagné de la sagesse, a gagné énormément de par sa perte.

Sir Roger L'Estrange

capable d'y faire face. Ceci ne m'a encore jamais apporté de grands problèmes!

Essayez ceci demain matin au début de votre journée. Dites: «Seigneur, envoyez-moi quelques problèmes désagréables aujourd'hui.» Je l'ai fait et presque tout de suite après avoir commencé je pouvais dire: «Vous vous êtes vraiment dépêché d'exaucer ma prière.» Vous me direz peut-être qu'il n'est pas nécessaire de faire une prière de ce genre — les problèmes viennent tout seuls. Mais vous n'êtes pas prêt à les affronter, n'est-ce pas?

Je me souviens que quand je suis entré dans cette compagnie, on m'a parlé du produit et on m'a formé pour le vendre. J'étais très impatient de passer à l'action. Enfin, le grand jour est arrivé et j'ai demandé au gérant: «À qui est-ce que je vends?» Il m'a répondu: «Ton marché, c'est le monde entier!» Le monde entier, wow!

Mais je n'étais pas bien organisé. J'étais comme le Texan qui se précipite à l'aéroport et qui ordonne: «Donnez-moi un billet!» «Pour quelle destination?» demande l'agent, en feuilletant ses billets. «Aucune importance — j'ai des affaires *partout*», clame le Texan.

Le tact et la persévérance sont deux grandes qualités très précieuses pour tous ceux qui désirent s'élever, mais elles le sont tout spécialement pour ceux qui doivent se distinguer du commun des mortels.

Benjamin Disraeli

Parlez-moi de confusion! J'en étais le spécialiste. Je sautais dans ma voiture avant de craquer complètement et je me précipitais au bureau du gérant. J'entrais en trombe et lui disais: «J'ai un problème.» Et il me disait: «Laisse-moi deviner; tu as un problème de planification.» Et je pensais: «Oh! comme il est intelligent! Je ne lui ai même pas exposé mon problème qu'il m'en donne la solution!» Tout fonctionnait jusqu'à la vingtième fois; puis je me suis rendu compte que c'était une phrase toute faite de vendeur. Vous savez quel est le problème des phrases de vendeur toutes faites? Les clients ne savent pas leur rôle!

Nous avons vraiment besoin d'apprendre à *planifier de façon flexible*. On peut voir qu'un homme se développe, au moment où il comprend que si les choses vont mal, c'est pour redresser notre responsabilité. Dieu n'écrase un homme avec des problèmes que pour le construire.

L'étalon sauvage est peut-être très beau dans la nature, la crinière au vent, mais il n'est pas bien utile tant que quelqu'un ne l'a pas dompté pour lui apprendre à tirer un fardeau ou à porter un cavalier. De même, une personne ne devient utile qu'une fois qu'on l'a harnachée au travail d'équipe et disciplinée aux conseils. Dieu entraîne l'homme pour qu'il puisse avancer librement. Cette loi est très ancienne; vous pouvez vous acharner contre elle, mais vous ne pourrez jamais la changer.

Imaginez donc à quel point nos vies seraient superficielles si Dieu ne nous envoyait pas des circonstances qui, pour l'instant, nous semblent désastreuses, mais qui, plus tard, nous auront grandement enrichis.

Un de mes employés m'a dit: «Je vais devoir tout laisser tomber.» Je lui ai demandé pourquoi. «Eh bien, je ne crois pas que ce soit la volonté de Dieu que je fasse ceci. Les choses vont très mal.» «Les choses vont très mal?» lui ai-je répondu. «Ça veut dire que vous êtes exactement là où vous devriez être! Ça va justement vous apporter un grand succès!»

Je n'oublierai jamais l'importante vente que j'ai faite après trois ans de service dans la compagnie. Ou-ou-ouh! je m'en léchais les babines! Les bénéfices nous ont permis de nous construire une belle grande maison. Mais quelquefois, dans les ventes de plan de pension, les choses s'emmêlent, et dans ce cas-ci, il y a eu une confusion comme on n'en avait jamais vue. À la fin, j'ai dû rendre tout ce que j'y avais gagné et je me suis retrouvé pris avec ma belle grande maison.

Ça s'est toujours passé comme ça, pour moi. Alors j'ai appris que dans la vie je ne pouvais jamais savoir quand j'allais recevoir un coup, mais que par contre, je pouvais savoir où aller quand je recevais un coup.

Je suppose qu'on ne peut pas se développer sans retomber en arrière de temps en temps. Pas d'humilité sans humiliations. Une personne peut devenir terriblement frustrée et amère, si elle ignore la loi de la *planification flexible*.

J'ai entendu parler d'un garçon qui, après avoir terminé son secondaire, était allé travailler dans une épicerie et quelques semaines plus tard, son père lui a dit: «Mon fils, parlons un peu de l'université, maintenant.

— Oh, papa, je ne t'ai pas dit. Je ne vais pas à l'université.

— Tu ne vas pas à l'université? Pourquoi?

— Je ne vais pas à l'université parce que j'ai trouvé le travail de ma vie.

— Comment, le travail de ta vie?

— Tu comprends», lui a répondu son fils, «je conduis un camion là où je travaille et j'adore conduire un camion pour livrer les commandes. Le patron est content; je viens d'être augmenté! C'est vraiment un travail merveilleux.

— Mais... mon fils, tu es capable de faire autre chose que de conduire un camion et de livrer des commandes d'épicerie toute ta vie.»

Mais le garçon lui dit: «Un instant. Est-ce que tu ne m'as pas dit que vivre, c'est d'être heureux?

— Oui.

— Eh bien, je suis heureux et je vais continuer comme ça. Je ne vais pas à l'université!»

Voilà, le père était victime de sa propre myopie. Vivre, ce n'est pas être heureux; c'est *se développer*. Le père s'est rendu compte qu'il allait devoir s'y prendre autrement. Ça ne servait à rien de dire quoi que ce soit à un jeune de 16 ans parce qu'il sait déjà tout! Alors le père est allé à l'épicerie et a dit: «Jean, il va falloir que tu mettes mon fils à la porte.

— Comment, mettre ton fils à la porte? Je n'ai jamais vu un garçon comme celui-là. C'est le garçon le plus merveilleux que j'aie jamais vu. Je viens de lui donner une augmentation. Il fait briller ce camion; tous les clients sont contents. Hé! c'est fantastique!

— Eh bien, il ne veut pas aller à l'université», lui a expliqué le père, «et si tu refuses de le mettre à la porte, tu vas ruiner toute sa vie.»

L'épicier s'est rendu compte qu'il devait faire quelque chose. Le vendredi, quand le jeune est venu chercher sa paie, l'épicier lui a dit: «Un instant! Tu es mis à la porte.

— Quoi?» Il lui répéta, «Tu es mis à la porte.

— Qu'est-ce que j'ai fait?

— Tu es mis à la porte.

— Qu'est-ce qui ne va pas?

— Tu es mis à la porte!

— Qu'—

— Tu es mis à la porte!»

Le jeune a compris qu'il était mis à la porte. Il est rentré à la maison, tout déçu. Il a dit: «D'accord, papa, je retourne aux études.»

C'est une histoire vraie. Trente ans plus tard, après avoir été promu président d'une des plus grandes universités, le fils a dit à son père: «Je tiens à te remercier de la fois où tu m'as fait mettre à la porte.»

C'était une leçon bien dure à apprendre, mais la loi de la *planification flexible* nous enjoint à capitaliser sur nos déceptions et notre misère, si nous ne voulons pas passer à côté des plus belles choses que la vie nous offre. Intégrez les choses qui vont mal dans vos plans et vous vous retrouverez bien plus avancé que quand vous attendiez que les choses aillent comme vous le désiriez.

Ce qui ne veut pas dire que vous ne devez pas planifier. Charles Schwab, qui était alors président de Bethlehem Steel, accordait une entrevue à Ivy Lee, conseiller en gestion de première classe. Ivy Lee dit à

Charles Schwab que son bureau-conseil pouvait découvrir des occasions d'améliorer les opérations de la compagnie. Monsieur Schwab lui a répondu qu'il avait déjà remarqué beaucoup plus de possibilités d'amélioration que son personnel et lui-même pouvaient effectuer. Il n'avait pas besoin d'en «savoir plus, mais de s'en occuper plus activement.»

«Si vous pouvez nous montrer une façon d'effectuer plus de choses», lui a dit Charles Schwab, «Je serai très heureux de vous écouter. Et si nous réussissons, je vous paierai ce que vous demanderez.»

Ivy Lee lui répondit: «Si c'est ce que vous désirez, je vais vous présenter une méthode qui augmentera d'au moins 50 % l'efficacité de votre gestion personnelle et celle de tous ceux qui l'appliqueront.»

Il a tendu à Charles Schwab un morceau de papier blanc et lui a dit: «Inscrivez-y les choses les plus importantes que vous avez à faire demain.» Monsieur Schwab lui obéit; il lui a fallu à peu près cinq minutes.

Alors, Ivy Lee lui dit: «Maintenant, numérotez-les dans l'ordre de leur importance réelle.» Cela prit un peu plus de temps, parce que Charles Schwab voulait être certain de ce qu'il faisait.

Finalement, Ivy Lee lui dit: «Première chose demain matin, attaquez-vous au numéro 1 et ne l'abandonnez pas tant qu'il n'est pas fini. Puis occupez-vous du numéro 2 de la même façon. Puis le numéro 3, et ainsi de suite. Tant pis si vous n'arrivez pas à respecter votre horaire. Vous aurez au moins terminé les projets les plus importants avant de commencer ceux qui le sont moins. Si, avec ce système, vous ne réussissez pas à terminer tout ce que vous aviez prévu de faire, vous n'auriez jamais pu finir de toute façon. Et sans ce système, il vous aurait probablement fallu beaucoup plus de temps pour terminer tout ce que vous aviez l'intention de faire, sans vous y attaquer par l'ordre d'importance que ces choses ont réellement pour vous et pour votre compagnie.»

«Suivez cette méthode pendant chaque journée de travail», a continué Ivy Lee. «Quand vous serez convaincu vous-même de la valeur de ce système, faites-le essayer à vos employés. Prenez tout le temps que vous voudrez pour l'essayer, et ensuite envoyez-moi un chèque au montant que vous estimez être la valeur de cette idée.»

Quelques semaines plus tard, Charles Schwab a envoyé à Ivy Lee un chèque au montant de 25 000 $.

Charles Schwab a déclaré sérieusement que cette leçon avait été pour lui la plus profitable qu'il ait jamais apprise au cours de sa carrière d'homme d'affaires. On a dit plus tard que c'est grâce à ce plan que sa petite compagnie d'acier est devenue l'une des plus grandes productrices d'acier du monde. C'est aussi grâce à ce plan que Charles Schwab est devenu multimillionnaire.

C'est une méthode incroyablement simple pour planifier votre journée de façon à effectuer le plus de travail possible pendant le temps que vous avez. Mais ce n'est pas une stratégie qui permet d'atteindre votre but. Pour y arriver, il vous faut une *planification flexible*.

La *planification flexible* assure un plan qui vous permet de surmonter les difficultés, de vous adapter et de vous ajuster. Apprenez à capitaliser sur les choses qui tournent mal, à en faire des marchepieds qui vous permettront de progresser. Cela rend les «mauvaises» choses «bonnes», un échange que chacun devrait apprécier.

Septième loi du leadership:

Soyez motivé pour motiver

De nos jours, nous sommes entourés de «motivateurs» — de gens et de choses qui font tout leur possible pour motiver les gens à acheter un produit, à payer pour recevoir des conseils ou à s'engager dans une cause. Les classes de motivation sont surchargées et les livres traitant de la motivation se vendent mieux que tous les autres. Avec la motivation, on fait des affaires d'or!

Mais regardez ces «motivateurs» d'un peu plus près — certains arrivent à motiver n'importe qui à faire n'importe quoi et le succès leur sort par les oreilles et, pourtant, parfois ils sont extrêmement malheureux, s'ils ont oublié d'apprendre à se motiver eux-mêmes!

Lequel préférez-vous être: un «motivateur» malheureux qui a un succès foudroyant ou un raté motivé? Je préférerais être un raté heureux et motivé. Si j'apprends à être motivé, je réussirai un jour ou l'autre à motiver les autres et je serai heureux de le faire. Le «motivateur» qui réussit à motiver tout le monde sauf lui-même fait peut-être des affaires d'or, mais il n'en sera jamais heureux.

Comme je me souviens du désir que j'avais quand j'étais jeune vendeur, de devenir un «maître motivateur». J'étais très impatient d'arriver au bout de ma période de formation pour pouvoir utiliser mon talent de «motivateur» dynamique. Mes argumentaires de vente étaient puissants; en fait, ils étaient si puissants que je sentais qu'il me fallait les adoucir un peu pour que mon client ne meure pas d'une crise cardiaque avant que je lui demande d'acheter. Je savais que personne ne pouvait résister à la logique, aux bénéfices, à la sécurité, à la paix de l'esprit — mes argumentaires semblaient capables de résoudre tous les problèmes du monde entier!

Je me souviens que je m'attendais à ce que le client m'arrache le stylo des mains pour signer sur la ligne pointillée... mais personne ne l'a jamais fait. Mais au plus chaud de ma présentation, mon client se mettait à bâiller ou m'interrompait en déclarant un truc brillant tel que: «Je ne suis pas fort en assurance», ou «J'ai 5 000 $ avec double protection!»

Mon cœur s'arrêtait d'un seul coup. Je descendais si bas qu'il me fallait lever les bras pour toucher le fond. On n'aurait pas pu voir un jeune vendeur plus découragé que moi. J'ai dû apprendre assez vite que mon problème n'était pas de savoir comment motiver les gens — c'était de savoir comment les empêcher de me démotiver!

Quelquefois j'étais si découragé qu'il ne me restait plus qu'à aller pleurer sur l'épaule de mon patron, et je découvrais alors qu'il était encore plus découragé que moi! Les clients me décourageaient, le patron me décourageait, mes amis me décourageaient, et parfois il me semblait même que ma femme me décourageait.

Parfois, il m'est arrivé à un séminaire, qu'un individu vienne me dire tout bas: «Vous savez pourquoi je ne réussis pas dans la vie? J'ai une femme désespérante.»

J'adore appliquer mon traitement choc à ces types-là: «Vous avez vraiment une femme désespérante? Eh bien, vous ne savez pas comme vous avez de la chance. La chose la plus précieuse qu'un homme puisse posséder, c'est *une femme désespérante!* Qu'est-ce qui me serait arrivé, si ma femme avait été compréhensive et que quand je rentrais à la maison en lui disant à quel point les choses allaient mal, elle m'avait répondu: «Oh, mon pauvre petit papa, reste donc ici à la maison avec maman et je vais prendre soin de toi». Nous nous serions consolés mutuellement au milieu de nos meubles, sur le trottoir!»

Si votre femme est décourageante, vous ne vous arrêterez pas de travailler, sinon elle vous rappellera à quel point vous avez été bête de choisir un travail pareil. Mais ne vous désespérez pas si vous n'avez pas une femme désespérante; vous pourrez probablement réussir dans la vie sans ce précieux avantage.

Les circonstances de votre vie peuvent être défavorables, mais elles ne le resteront pas longtemps si vous vous fixez un idéal et que vous vous battez pour l'atteindre. Vous ne pouvez pas voyager intérieurement et rester extérieurement immobile.

James Lane Allen

Je plaisante, mais je voudrais vous faire bien comprendre que si vous apprenez à être motivé, vous surmonterez tous les obstacles. Je crois de tout mon cœur que tout ce qui touche votre vie a pour but de faire de vous une personne plus motivée — qui pourra à son tour motiver les autres à viser des objectifs plus élevés.

Parfois, les gens me demandent comment je fais pour être si motivé. Eh bien voilà, ce n'est pas moi qui ai découvert le secret — c'est lui qui m'a trouvé. L'une de mes plus grandes réussites, pendant mes cinq premières années dans la vente, c'est d'avoir été constamment productif. Ce qui signifie que chaque semaine, sans exception, j'ai vendu une police d'assurance. Ça paraît très impressionnant, mais ce n'est pas entièrement vrai.

En réalité, je prenais mes buts très au sérieux et, par conséquent, j'ai juré que si je ne vendais pas une police chaque semaine, *j'en achetais une*. Laissez-moi vous dire qu'après avoir acheté 22 polices d'assu-

> *Personne ne peut arriver au sommet et s'y tenir sans montrer le plus possible de cran, de courage, de détermination et de résolution. Ceux qui arrivent quelque part y réussissent parce qu'ils ont d'abord résolu fermement d'avancer dans le monde, et qu'ensuite ils se sont assez accrochés à leur résolution pour la réaliser. Sans résolution, personne ne peut se gagner une place valable parmi les autres humains.*
>
> B.C. Forbes

rance, j'ai commencé à être motivé! Je me rendais à peine compte, à ce moment-là, que ce tout petit serment allait exercer la plus grande influence sur mon travail pour le restant de mes jours. Car, grâce à ce vœu et à ce que j'ai dû payer pour le respecter, j'ai commencé à apprendre à *m'impliquer et à m'engager*.

Certaines personnes s'impliquent dans leur travail, mais ne s'engagent pas. D'autres sont engagées, mais pas profondément impliquées. Ces deux choses vont de pair, et je suis convaincu que l'on ne peut pas apprendre à être motivé sans s'impliquer et s'engager totalement dans ce que l'on fait.

Les plus fortes motivations que j'ai jamais ressenties me sont venues de mon propre cœur et de mon foyer. L'expérience ou l'histoire de quelqu'un d'autre ne pourra jamais vous motiver aussi profondément que votre propre expérience ou histoire.

Au client qui me disait qu'il n'était pas fort en assurance, je lui répondais qu'il était bien mieux de l'être. Mais un petit événement qui est arrivé chez moi m'a appris une réponse bien plus efficace. Cette expérience m'a permis d'approuver cordialement le client qui n'aimait pas l'assurance, mais m'a donné plus de motivation à le lui communiquer.

Mon fils, Jere, qui avait six ans à l'époque, rentre du jardin en appelant sa mère à pleine voix. Bien entendu, il me distrait de mon travail dans mon bureau (qui était en réalité notre salon — nous avions déménagé les meubles dans le couloir). Jere hausse le ton de quelques décibels et je pense: «Je n'en peux plus d'attendre d'avoir du succès pour déménager dans un bureau luxueux en ville où, au moins, je pourrai échouer en grand style.»

Jere s'arrête enfin et, juste à ce moment, Gloria remonte du sous-sol où elle faisait sa lessive. Elle dit: «Qu'est-ce que tu veux, Jere?» Et il lui répond: «Rien, je voulais juste savoir où tu étais.»

J'ai raconté cette histoire des milliers de fois parce qu'elle illustre la raison pour laquelle je paie les primes de ces 22 polices. Mes 6 enfants n'hériteront peut-être jamais d'un empire, ni de biens immobiliers, ni d'un éventail énorme de certificats d'actions, mais je leur laisserai un cadeau sans prix: une mère à plein temps. Grâce à mon assurance-vie, ils pourront tous les 6 appeler leur mère de toutes leurs forces, en sachant qu'elle est quelque part dans la maison même si elle ne répond pas.

Une autre fois, j'étais dans ma chaise berçante en train de lire le journal quand Pam, ma fille de 8 ans, glisse sa petite tête blonde sous mon bras et se hisse sur mes genoux. Je continue à lire, et alors elle prononce ces quelques mots qui m'ont aidé à vendre pour des millions de dollars d'assurance-vie. Elle me dit en me regardant avec des grands yeux tristes: «Papa, si tu ne me quittes jamais, je ne te quitterai jamais.»

Sans comprendre ce qui la pousse à dire ça, je pense immédiatement: «Ma très chère petite, je ne te quitterai jamais, mais si le Seigneur un jour en décide autrement, je ne te laisserai jamais *sans rien*».

Il y a des années, j'ai remarqué qu'il y avait deux types de papas, l'espèce des *voir* et l'espèce des *avoir*. L'espèce des *voir* dit: «Je veux donner tout ce que je peux à ma famille en autant que je suis ici pour le voir.» L'espèce des *avoir* dit: «Je veux qu'ils l'aient, que je sois ici pour le voir ou non.»

C'est ce qui m'est arrivé en m'impliquant et en m'engageant.

Vous dites: «Je ne suis pas dans le domaine de l'assurance», ou «Je ne fais pas carrière dans la vente». Écoutez, les principes dont nous parlons ici sont les mêmes pour les étudiants, les conjoints, les employés de bureau, les vendeurs, et ainsi de suite. Vous profiterez plus encore des grandes choses de la vie si vous les laissez *vous motiver*. N'oubliez pas que vous construisez votre vie, pas un empire. L'un de mes meilleurs amis a confondu ces choses, et il a perdu presque tout ce qu'il avait de précieux.

J'ai entendu des hommes dire: «Je me soucie avant tout de mon entreprise», et d'autres hommes dire: «Je me soucie avant tout de ma famille.» Quelques-uns disent: «Je me soucie avant tout de mon église.» (En réalité ils se soucient probablement d'eux-mêmes avant tout). Mais j'ai remarqué que les meilleures leçons que je recevais en affaires me venaient de ma famille et de l'église. Et les meilleures leçons que je recevais quant à ma famille me venaient de mes affaires et de l'église. Et les meilleures leçons que je recevais quant à l'église me venaient de ma famille et de mes affaires.

Un autre de mes fils, Jeff, a très bien su m'enseigner la motivation. Quand il avait six ans, je lui ai demandé ce qu'il comptait faire dans la vie. Et imaginez donc, à six ans, il ne savait même pas ce qu'il allait faire dans la vie!

Quand j'avais six ans, je savais ce que j'allais faire. Un jour je voulais être pilote d'un avion de chasse, le lendemain légionnaire français. Je voulais devenir boxeur, policier. Je voulais toujours être quelque chose. Mais pas mon Jeff; il hésitait encore.

Alors je lui ai dit: «Jeff, nous allons nous lancer dans un petit projet. Voici une copie de la revue *Boy's life*, choisis un métier. Tu vas faire quelque chose, partenaire.» Le lendemain il avait tout organisé: il allait s'inscrire au Junior Executive Sales Club of America. Il a rempli le coupon d'inscription et l'a envoyé.

Je pense que les enfants meurent d'envie de passer à l'action! Ils veulent faire quelque chose. Ils ne reçoivent pas grands conseils de quiconque — sauf de mauvais conseils.

Deux semaines plus tard, quand je suis rentré à la maison, Jeff m'attendait à la porte: «Regarde, Papa». Et il me tendait la plus grande boîte de cartes de souhaits que j'avais jamais vue. Je l'ai ouverte. Il y avait un insigne, des pièces d'identité et un avis qui disait: «Veuillez envoyer l'argent dans les 30 jours.» Jeff m'a dit: «Qu'est-ce que je fais, maintenant?» Je lui ai dit: «Eh bien, avant tout, tu dois apprendre à vendre.»

Chaque soir, quand je rentrais à la maison, Jeff me disait: «Papa, est-ce que je suis prêt?» Je lui répondais: «Est-ce que tu as préparé ton boniment, par écrit?» Il me répondait: «Non.» Je lui disais: «Tu ne peux pas aller là-bas et improviser, si tu me représentes. Je veux que tu saches ce que tu vas dire.»

Deux semaines plus tard, Jeff m'a finalement dit: «Je n'aime pas ce boniment». «Eh bien, écris-en un toi-même», lui ai-je dit.

Le lendemain matin, au petit déjeuner, j'ai trouvé sur la table un petit bout de papier qui disait: «Bonjour, monsieur Smith, je m'appelle Jeffrey John Jones. Je représente le Sales Club of America.» C'est tout! Deux semaines s'étaient déjà écoulées et dans deux semaines je devais envoyer l'argent! Ce soir-là, en rentrant à la maison, j'ai dit à Jeff: «Va chercher le magnétophone, nous allons préparer ton boniment. Et nous ne nous arrêterons que quand tu seras bien prêt.»

Et nous nous sommes mis à répéter; voici ce qu'il devait dire: «Bonjour, monsieur Smith, je m'appelle Jeffrey John Jones du Junior Executive Sales Club of America. Voudriez-vous regarder ces cartes de souhait s'il vous plaît? Vous remarquerez qu'elles portent le sceau d'approbation Good Housekeeping, et que nous les vendons au prix exceptionnel de 1,25 $ la boîte. En voudriez-vous une ou deux boîtes (sourire), s'il vous plaî-aî-aît?»

Nous avons répété et répété, et plus nous utilisions le magnétophone pour nous réécouter, plus je voyais le tigre se développer en Jeff. Finalement, il m'a demandé: «Est-ce que je suis prêt, maintenant?» Je lui ai répondu: «Non, tu n'es pas encore prêt. Tu sais le faire ici, mais tu ne sais pas encore comment ça ira sur place. Va dans le couloir et je serai ton client. Prends deux boîtes, frappe à la porte et je vais te montrer à quoi tu dois t'attendre quand tu seras dans le champ d'action.»

Éclatant d'excitation et de confiance, Jeff a sauté dans le couloir pour me montrer sa puissance. Il se pensait vraiment prêt. Il a frappé à la porte. J'ai ouvert la porte violemment en grondant d'un air menaçant: «Qu'est-ce qui te prend de faire irruption comme ça, pendant mon lunch!» Le vendeur exécutif junior s'est lentement écroulé sur le parquet, en état de choc.

Je l'ai relevé et nous avons recommencé. Je l'ai laissé arriver à la deuxième réplique et je l'ai foudroyé, à la troisième réplique. En bas, sa mère pensait que je tuais son bébé! Mais je préparais un peu son bébé à la vie! Savez-vous qui «tue son bébé» aujourd'hui? Le parent qui enseigne à son enfant que le monde va le prendre dans ses bras et l'embrasser chaque fois qu'il se tourne d'un côté ou d'un autre. Je préparais mon garçon à la réalité!

Enfin, Jeff, savait son boniment par cœur et il arrivait à tenir jusqu'au bout. «Alors», m'a-t-il dit, «est-ce que nous sommes prêts?» Je lui ai répondu: «Toi, tu es prêt. Voici comment nous allons commencer. Va sur la rue St-Jean avec deux boîtes. Mets une veste et une cravate. Dès que tu auras eu 10 «non», reviens directement à la maison». (Je savais que s'il avait plus de 10 «non», il s'écroulerait). «Et dès que deux personnes acceptent, reviens tout de suite à la maison». (Je savais que s'il recevait plus de deux «oui», il serait aussi ruiné — j'ai vu la prospérité tuer presque autant de vendeurs que l'échec. Il y est allé et a vendu ces cartes comme des petits pains chauds!)

Travaille aussi fort que possible, reçois autant que possible, donne autant que possible.

Puis, un jour, il m'a désobéi. Un jour incroyablement chaud de juillet, Jeff est rentré après avoir eu 19 «non» d'un coup. Il était mort de fatigue, dégouttant de transpiration et il s'est écroulé sur le sofa. Il a dit: «Dorénavant, si quelqu'un veut des cartes, il devra venir les chercher lui-même!»

Je lui ai dit: «Un instant, Jeff. Tu viens simplement de passer une journée difficile, partenaire.» «Oh, papa», m'a-t-il répondu, «tous les autres enfants ont découvert ce que je faisais et ils vendent des cartes eux aussi.»

Je lui ai dit: «Je *sais* que quelqu'un, là-bas, veut acheter.» (Il *fallait* que quelqu'un achète; je n'aurais jamais su comment utiliser tant de cartes). Je lui ai dit: «Tu as besoin que quelqu'un vienne avec toi. Il faut que tu te trouves un assistant. Emmène ta sœur, Candy. Paie-la 10¢ pour porter tes boîtes et elle te soutiendra moralement.»

Est-ce qu'ils se sont vraiment encouragés comme je le pensais? Non. Ils y sont allés et ils ont commencé tous les deux à ronchonner, et ils ont *abandonné tous les deux!* (Ce fut une bonne leçon pour moi. Si vous vous découragez, n'allez pas pleurer sur l'épaule d'un ami Un ami vous plaindra et vous vous plaignez déjà deux fois trop. Vous feriez mieux de vous relancer dans la bataille et de *travailler* encore plus fort).

Maintenant je me retrouvais avec toutes ces cartes sur les bras, en plus de deux lâcheurs. Il me fallait trouver une solution. «Jeff, samedi, j'irai moi-même avec toi.» Puis j'ai appelé un de mes assistants et lui ai dit: «Jack, samedi nous irons à Green Lane Farms parce que Jeff est mal pris. Si je ne le sors pas de cet embarras, je vais être obligé d'acheter moi-même ces cartes. Je vais le laisser à deux maisons de la tienne. Je veux qu'il se heurte à deux «non», et puis à un «oui» quand il arrivera chez toi.»

Et nous sommes allés à Green Lane Farms le samedi suivant. À la première maison, ils ont répondu «oui» au lieu de «non» et à la deuxième maison, on a dit «oui». Vous auriez dû voir la tête de Jeff quand il est revenu en courant à la voiture avec un résultat positif à 1000 %! Il était vraiment motivé!

L'année dernière, j'ai prêté 25 $ à Jeff pour financer un produit de nettoyage pour la maison. Il a encaissé 38 «non» pendant une journée étouffante d'août, mais il n'a pas abandonné. Il a appris que si vous restez motivé, les «non» ne vous font plus rien, et il sait qu'une expérience comme celle de «Green Lane Farms» l'attend, s'il continue.

Bob Richards, l'ancien champion de saut à la perche, raconte une des plus belles histoires que j'aie jamais entendues sur la différence entre la motivation intérieure et la motivation extérieure. Il y avait dans l'équipe de football universitaire le plus mauvais joueur qu'on n'ait jamais vu. Il se délectait d'applaudissements, mais détestait se lancer à la charge. Il adorait porter l'uniforme, mais détestait les exercices d'entraînement. Il n'aimait pas se déranger.

Un jour que les joueurs couraient leurs 50 tours de terrain et que ce phénomène faisait ses 5 tours habituels, l'entraîneur est venu vers lui en lui disant: «Eh, le jeune, il y a un télégramme pour toi.»

Le garçon lui répond: «Lisez-le-moi, patron.» Il était si paresseux que ça l'ennuyait même de lire.

L'entraîneur a ouvert et a lu: «Mon cher fils, ton père est mort. Reviens à la maison immédiatement.» L'entraîneur a avalé sa salive avec difficulté et dit: «Prends le reste de la semaine.» En fait, ça ne l'aurait pas dérangé que le gamin prenne le reste de l'année.

Eh bien, aussi étrange que cela puisse paraître, le vendredi suivant le jeu allait commencer, l'équipe entre en courant sur le terrain et, tenez-vous bien, dernier en file arrive notre cancre. Aussitôt que le signal du début est donné, le garçon dit: «Monsieur, je peux jouer aujourd'hui? Je peux jouer?»

L'entraîneur a pensé: «Mon enfant, tu ne joues pas aujourd'hui. Aujourd'hui, c'est la finale, c'est notre grande partie de l'année. Nous avons besoin de tous les vrais gars que nous avons et tu ne fais pas partie de ce groupe.»

Chaque fois que l'entraîneur se retournait, le garçon le suppliait: «S'il vous plaît, monsieur, laissez-moi jouer. Monsieur, il faut que je joue.»

À la fin du premier quart, ils perdaient complètement. À la mi-temps, l'entraîneur les a réunis dans le vestiaire pour leur faire un discours choc. «D'accord, maintenant allez-y et frappez. On est encore bien loin de gagner. Celle-ci, gagnez-la pour votre entraîneur.»

L'équipe s'est précipitée dehors, à nouveau en trébuchant. L'entraîneur, en marmonnant, écrivait sa propre lettre de démission. Et de nouveau, le garçon est arrivé. «Monsieur, monsieur, laissez-moi jouer, je vous en prie!» L'entraîneur a lancé un coup d'œil au tableau d'affichage. «D'accord», a-t-il répondu, «vas-y fiston. Tu ne peux plus rien gâcher, maintenant.»

Aussitôt que le garçon est arrivé sur le terrain, l'équipe a explosé. Il courait, passait, bloquait, plaquait comme une étoile. L'équipe s'en est trouvée électrisée. Les points ont commencé à s'accumuler. Pendant les dernières secondes de la partie, le garçon a intercepté une passe et s'est mis à courir toute la distance qui le séparait de la touche gagnante!

Ou-ou-ouh! La foule était déchaînée. Grande ovation. Les gens ont hissé le héros sur leurs épaules. On n'avait jamais entendu des applaudissements pareils. Finalement, ça s'est calmé et l'entraîneur est allé vers le garçon et lui a dit: «Je n'avais jamais vu une chose pareille. Qu'est-ce qui t'est arrivé sur le terrain?»

Il a répondu: «Monsieur, vous savez que mon père est mort la semaine dernière.»

«Oui» a-t-il répondu, «je t'ai lu le télégramme.»

«Eh bien, voilà. Mon père était aveugle. Et aujourd'hui, c'est la première fois qu'il me voyait jouer!»

Est-ce que ce ne serait pas merveilleux, si la vie était un jeu? Est-ce que ce ne serait pas merveilleux si le terrain de la vie était partagé en tribunes applaudissant de chaque côté? Que chaque fois que nous nous trouvons dans une situation impossible, et que nous ne savons plus où nous retourner, et que personne ne nous comprend, et que nous sommes prêts à nous écrouler en prononçant ces mots terribles: «Je laisse tomber», est-ce que ce ne serait pas merveilleux si les tribunes s'éveillaient et se mettaient à crier: «Charlie, mon vieux, vas-y, on est avec toi!» Je me dirais: «Ou-ou-ouh! c'est exactement ce dont j'avais besoin.» Je vous jure que je recommencerais le parcours du terrain pour faire une autre touche!

Mais la vie n'est pas un jeu, n'est-ce pas? C'est un champ de bataille. Au lieu d'être des joueurs et des spectateurs, nous sommes des soldats, parmi lesquels se trouvent quelques ratés et quelques déserteurs! Mais nous sommes tous pris dans la lutte, que nous en soyons conscients ou non. Et celui qui sait se motiver n'a pas besoin de spectateurs qui l'applaudissent. Sa motivation est en lui-même. Il ne recherche pas une béquille qui pourrait se briser ou un bonus que les impôts lui effriteront; il apprend à se motiver au fond de lui-même. C'est son dynamisme intérieur et son apprentissage des lois de la motivation qui composent un homme, et non son talent à motiver les autres. Si vous êtes motivé, vous motiverez automatiquement les autres. Et est-ce que ce n'est pas passionnant de se trouver parmi des gens qui sont motivés? Ou-ou-ou-ouh!

J'espère que tout ceci vous aide à cerner vos pensées avec des mots, pour que vous puissiez penser à ces lois que vous connaissiez déjà avant, d'instinct. En général, ce que nous savons d'instinct sur ces lois est juste, mais il y a tant de choses dans la vie qui semblent lutter contre ces lois en essayant de

---

Le savoir-faire est magnifique quand vous savez pourquoi; le savoir-faire vous permet de guider, le savoir-pourquoi vous guide.

C.E.J.

---

prouver le contraire. Mais c'est en les pratiquant qu'on les prouve, et seuls les gens qui exercent ces lois fondamentales avancent et développent leur talent du leadership — alors apprenez-les!

La vérité et l'amour sont les deux plus grandes puissances au monde et quand elles s'associent, elles ne se laissent pas vaincre facilement.

Ralph Culworth

CHAPITRE 3

Les trois décisions de la vie

On peut soit se conduire soi-même, soit se faire conduire; c'est la motivation qui fait toute la différence. Je crois que ma motivation découle régulièrement des trois grandes décisions de la vie. Quelqu'un me demande: «Qu'est-ce que tu veux dire, Charlie? J'ai pris à peu près 40 décisions, hier.»

Non, pas vraiment. Ce n'étaient pas des décisions fondamentales. Dans la vie, il n'y a que trois décisions fondamentales et quand vous les prenez, elles modèlent tout le reste et elles exigent tout ce que vous avez en vous pour les respecter.

Voici quelles sont les trois grandes décisions:

1) Avec qui allez-vous vivre votre vie?

2) Dans quel domaine allez-vous vivre votre vie?

3) Pour quelles raisons allez-vous vivre votre vie?

Avec qui allez-vous vivre votre vie?

Quand j'écoute la radio en me reposant le soir, ou que je lis des revues dans l'avion, on ne cesse de me répéter: «Les bons mariages se fondent sur la compatibilité.» La compatibilité! Si les bons mariages se fondent sur la compatibilité, je dois être l'époux le plus malheureux du monde!

Quand nous nous fréquentions ma femme et moi, nous étions les amants les plus compatibles que l'on n'ait jamais vus au monde. Nous étions si compatibles que ça faisait mal! Avant que nous soyons mariés, elle adorait faire les choses à *ma* façon. Et puis nous nous sommes mariés — et j'ai découvert qu'elle avait une façon à *elle* qui lui plaisait beaucoup.

Avant que nous soyons mariés, elle me regardait dans les yeux en disant: «Oh, mon amour, je te comprends tellement!» Et je pensais: «Ou-ou-ouh, je ne me comprends même pas moi-même et voilà quelqu'un qui y réussit!» Je l'ai attrapée sans hésiter; je l'ai épousée. Et quelle est la première chose que j'ai découverte? Qu'elle mentait. Qu'en réalité, elle ne me comprenait *pas* et, aujourd'hui, 20 ans après, elle dit encore: «Tu sais, plus je te connais et moins je te comprends.»

Et voilà, nous étions mariés. Elle m'avait trompé et je l'avais trompée, et nous étions pris l'un et l'autre. Bien sûr, j'aurais pu l'échanger contre un nouveau modèle, mais j'avais tellement investi en elle. Alors j'ai décidé de la réhabiliter. Le problème, c'est qu'elle aussi, voulait me réhabiliter.

J'ai toujours su que j'étais une souris, mais je ne le lui avais jamais dit, parce que je pensais que si je l'épousais, elle m'aiderait à me développer et à devenir plus masculin. De cette façon, je pourrais devenir un homme avant qu'elle ne s'aperçoive qu'elle avait

marié une petite souris. Est-ce que j'y peux quelque chose si elle a découvert la vérité trop tôt?

Et puis, je n'ai pas trouvé ce que je pensais obtenir, moi non plus.

En fait, nous avions chacun un plan. Elle savait que j'allais la changer et l'améliorer et je savais qu'elle allait me changer et m'améliorer. Au début, les plans ont bien fonctionné. J'étais absolument prêt à la laisser me changer et à m'améliorer aussitôt que j'aurais fini de l'améliorer. Mais elle a tout gâché: elle n'a pas voulu me laisser la changer avant de m'avoir changé moi! Je n'ai pas accepté ça. J'ai décidé de mourir comme j'étais.

Bien sûr, nous *jouions* les gens heureux, comme les autres couples, mais nous n'avons probablement pas trompé grand monde. Il nous fallait apprendre que deux personnes s'unissent pour se développer ensemble avec les années. La plus belle chose au monde, c'est de voir deux personnes vieillir ensemble en échangeant toujours plus profondément, plus richement et plus pleinement.

Savez-vous ce que ça veut dire se développer? Se développer signifie *peiner*; ça signifie *changer*. Lorsque deux personnes s'unissent et ne laissent pas l'autre les changer, ils vont peut-être se retrouver en train de *s'échanger* l'un l'autre.

Écoutez: le secret d'un mariage heureux, ce n'est pas la compatibilité, c'est l'intégrité, l'intégrité de deux personnes lorsqu'elles prennent la décision de se marier, d'en faire vraiment leur propre décision et d'en mourir. Quand ma femme m'a épousé, elle l'a fait pour le meilleur ou pour le pire (surtout pour le pire), dans la richesse comme dans la pauvreté (surtout dans la pauvreté), jusqu'à ce que la mort nous sépare (ça, ça règle les choses).

Je suis devenu un mari lorsque je me suis marié, mais il m'a fallu plusieurs années avant de savoir ce qu'était un mari. Il m'a fallu des années avant de commencer à parler à ma femme! Non, ce n'était pas un mariage silencieux — c'était un mariage très bruyant, mais nous ne nous disions pas grand-chose de sérieux.

J'ai remarqué que beaucoup d'hommes et de femmes vivent ensemble et élèvent une famille sans jamais savoir vraiment se parler l'un à l'autre. Certaines personnes n'ont même jamais de vraie conversation avec leurs enfants.

La vraie communication au sein d'une famille est l'une des choses les plus difficiles à apprendre au monde. C'est une chose qui exige énormément d'effort, un peu d'entraînement, un peu de développement et un peu de changement. Je peux indiquer avec précision le moment exact où j'ai commencé à parler à ma femme.

Je suppose que vous aurez de la peine à le croire, mais j'ai donné des conférences dans toute l'Amérique sur le courage et la confiance à des milliers de

---

L'amour ne vous affaiblit pas car il est la source de toute force, mais il vous montre la vanité de la force illusoire dont vous dépendiez avant de la connaître.

Léon Bloy

personnes, alors que je n'arrivais pas à rassembler assez de courage pour prier avec ma femme et avec ma famille. Il m'a fallu trois ans. J'avais peur qu'ils soient gênés ou qu'ils pensent que je devenais trop religieux. Mais je me savais responsable de guider ma famille, et j'étais conscient qu'il fallait faire quelque chose pour nous rapprocher les uns des autres. Je n'ai commencé à bien connaître ma femme et mes enfants que quand j'ai finalement rassemblé un minimum de courage pour leur faire comprendre que je les aimais et que je les conduisais, en priant avec eux.

J'ai reçu l'une des plus grandes bénédictions de ma vie un soir où je priais avec ma femme. Ce qui ne signifie pas que nous faisions des bruits religieux; nous parlions simplement à Dieu de certaines choses que nous ne semblions pas capables de nous dire l'un à l'autre.

Je me souviens que j'étais irrité contre elle à cause d'une petite chose quelconque et c'est pourquoi ça m'a frappé si fort. Ce soir-là, c'est elle qui a commencé à prier et elle a dit quelque chose comme: «Seigneur, merci de m'avoir donné un si bon mari, pardonne-moi de ne pas être une meilleure épouse, aide-moi à m'améliorer.»

Ses mots m'ont écrasé. Je voyais très clairement qu'elle n'était pas en faute. C'était moi, le fautif. Je n'étais pas le mari que j'aurais dû être. Je n'étais pas le père que j'aurais pu être. Quelle leçon extraordinaire... et pour moi, la seule façon de commencer à l'apprendre, c'était à genoux. Si elle m'avait dit ça face à face je l'aurais soupçonnée d'essayer une nouvelle ruse pour que les choses aillent comme elle le voulait.

La clé d'un bon mariage n'est pas de faire des choses l'un pour l'autre, mais de faire des choses l'un *avec* l'autre. Ce n'est pas de vieillir ensemble, c'est de se *développer* ensemble avec les années. Ce n'est pas de jouer le rôle que mari et femme sont censés jouer, mais de passer sa vie à apprendre à *être* ce que mari et femme devraient être.

Mon cher ami, ça va faire mal. Ça va coûter cher. Beaucoup de jeunes pensent que le mariage est une lune de miel. Une lune de miel? C'est la guerre. Mais maintenant que j'ai appris ce que c'est que d'être un mari, nous y gagnons tous les deux. Je suis heureux de ne pas avoir renoncé à la comprendre et qu'elle n'ait pas renoncé à me comprendre, parce que nous sommes en train de changer juste assez pour apprendre ce que c'est que de rendre nôtre la décision du mariage jusqu'à notre mort — ça c'est vraiment *vivre*.

Dans quel domaine allez-vous vivre votre vie?

Certaines gens disent qu'un tel n'atteint pas le succès parce qu'il n'en a pas les capacités requises. En réalité, les capacités n'ont pas grand-chose à voir avec le succès. Le succès d'une personne en affaires ou dans toute autre entreprise, n'est jamais déterminé par ses capacités, par son patron ou par ses amis. On atteint le succès en prenant une décision, en en faisant notre propre décision jusqu'à notre mort.

Je n'oublierai jamais le temps où le directeur m'a donné ma formation de base à Harrisburg. Il m'a parlé de la liberté, du succès et du prestige qu'offre ce métier, en me disant que je me rendrais à la banque, fou de joie. «Mon Dieu», ai-je pensé, «depuis quand est-ce que ça se passe comme ça?» Je pensais que les gens allaient enfoncer ma porte d'entrée quand ils apprendraient que j'ai quelque chose à vendre. Et qu'ai-je découvert en arrivant dans le champ d'action? Que le directeur m'avait menti; ou tout au moins avait exagéré.

Eh bien, je voulais tout abandonner, mais je n'avais pas assez d'argent pour poster ma lettre de démission. Plusieurs fois, j'ai écrit les raisons pour lesquelles je voulais abandonner, mais j'ai eu si honte de mes raisons miteuses, que je ne suis pas allé jusqu'au bout. Quand j'ai trouvé une meilleure raison, je n'ai pas réussi à imaginer une raison réelle, alors j'ai complètement renoncé à démissionner.

Plus tard, quand j'étais directeur, je me suis rendu compte que certains de mes subordonnés pensaient que je ne les guidais pas bien. Je leur disais: «Bon, je sais que vous méritez un meilleur chef, mais je suis tout ce que vous avez et je n'abandonne pas. Si vous ne coopérez pas, vous allez me supporter pour le restant de vos jours.» Et j'ai obtenu une coopération extraordinaire!

Avez-vous déjà observé un homme en train de choisir un métier? Observons donc cet homme qui entre au bureau d'emploi.

«Bonjour, monsieur le directeur. Je voudrais travailler à votre entreprise. J'ai vu certains de vos hommes qui n'étaient pas très bons même pendant leur pause café. Je voudrais travailler dans votre entreprise et, si elle me plaît, j'y resterai.»

Le pauvre directeur est si désespéré ces temps-ci qu'on est à peu près sûr qu'il répondra: «Inscrivez-vous.»

Voyez, c'est comme si j'étais allé vers ma femme avant notre mariage pour lui dire: «Bonjour, ma jolie, ça fait quelque temps que je te regarde. Je voudrais t'essayer et si tu me plais je te garderai.»

Vous ne pouvez pas essayer une femme et faire un mariage, et vous ne pouvez pas essayer un emploi et faire carrière. Si vous n'acceptez pas de vous engager dans une compagnie et apprendre à en être un employé, tout comme vous vous engagez à un partenaire et apprenez à être un époux, vous êtes voué à l'échec avant même d'avoir commencé.

Vous dites: «Vous savez, je n'ai pas agi comme ça et je m'accroche à un travail que je n'aime pas.» Oui, on voit beaucoup de ratés qui n'abandonnent jamais!

Observons maintenant un travailleur un peu plus raffiné. «Bonjour, monsieur le directeur. J'ai fait toute la ville et je suis allé voir cinq compagnies. J'ai entendu mentionner votre nom deux ou trois fois. Avant de prendre la grande décision de me joindre à une compagnie, je veux que vous me disiez ce que vous avez à m'offrir. Si vous m'offrez plus que les cinq autres, vous *m'*aurez.»

C'est un petit peu comme si j'allais vers une femme pour lui dire: «Bonjour, ma mignonne. Tu sais,

> *J'ai appris que l'on développe le travail de sa vie en travaillant et en vivant. Accomplissez-le comme si votre vie en dépendait et vous vous apercevrez tout d'un coup qu'il est devenu votre vie. Une très belle vie, même.*
>
> Theresa Helburn

ça fait un petit bout de temps que je te regarde. J'ai cinq autres minettes à ma disposition, mais je ne vais rien décider avant de savoir ce que tu as à m'offrir. Si tu te distingues des autres, tu *m*'auras.»

Bon Dieu, si elle m'a, elle n'aura pas grand-chose, n'est-ce pas? Et la compagnie qui engage un homme d'après ce qu'elle a à lui offrir n'engage pas grand-chose. Que d'hommes passent à côté de la joie de se laisser former de façon adéquate par un emploi, tout simplement parce qu'ils ne partent pas du bon pied!

Je n'ai jamais vu un raté dans un travail qui soit bon à grand-chose dans un autre domaine. J'ai appris que mon travail est une chose que Dieu m'a donnée en me disant que je dois me montrer à la hauteur de la vocation à laquelle Il m'a appelé, que je dois commencer à apprendre à faire tout ce que je peux, de tout mon cœur. Si un homme n'apprend pas à aimer, honorer et chérir son travail, celui-ci ne lui apportera pas plus de satisfaction qu'un mariage égocentrique.

Il est bien entendu que l'employé doit savoir à l'avance quels avantages la compagnie offre, mais ce n'est pas le critère le plus important. Les avantages sont importants, mais pas autant que les relations. Le salaire est important, mais les occasions de donner et de se développer le sont plus encore.

Nombreux sont ceux qui passeront à côté du privilège de se développer en qualités et en âge au sein d'une équipe formidable parce qu'ils n'ont pas su prendre cette grande décision. Un emploi, c'est comme un mariage: Vous pouvez faire la cour à plusieurs favorites, mais tant que vous ne vous engagez pas vis-à-vis une seule femme, vous passerez à côté du succès dans le mariage; la même idée s'applique à votre carrière. Pour vous développer et vous épanouir, vous devez vous engager envers un partenaire ou une carrière. Le secret d'une vocation pleine de succès n'est pas seulement une formation adéquate, des aptitudes ou l'art de s'entendre avec le patron, mais le fait aussi de prendre une décision quant à votre travail, de la faire vôtre et d'en mourir.

Pour quelles raisons allez-vous vivre votre vie?

Voici la troisième grande décision: Pour quelles raisons allez-vous vivre votre vie? Il n'y a que deux choses pour lesquelles vous pouvez vivre votre vie. Je ne m'étendrai pas sur la première, parce que nous sommes tous de grands spécialistes en la matière. La première chose pour laquelle nous vivons notre vie est le grand JE, ME, MOI. «Eh, univers, regarde-moi; est-ce que je ne suis pas extraordinaire! Je me suis créé de toutes pièces!» (Au moins, vous soulagez Dieu de cette responsabilité!) Nous ne pouvons pas nous tromper les uns les autres; nous reconnaissons tous Celui qui fait lever et coucher le soleil!

Oui, je peux vivre ma vie pour moi-même... ou je peux la vivre pour Dieu.

«Oh-oh, on ne parle pas de religion», dit quelqu'un. «C'est un sujet à controverse.» Oui, vous avez raison. Mais quelquefois, la controverse éclaire les choses.

Tout d'abord, je tiens à préciser que je ne parle pas d'atteindre le succès en suivant Dieu. Vous avez probablement déjà entendu quelqu'un dire: «Vous voulez atteindre le succès? Lancez-vous dans la religion.» Si vous tenez à atteindre le succès, ne faites pas ça! Je connais des gens dont le niveau spirituel est très élevé qui n'ont pas le sou; et je connais les gens les plus rusés et malhonnêtes au monde qui ont tout le succès matériel dont on pourrait rêver. Par conséquent, on ne peut pas lier le fait de connaître Dieu au succès financier.

Et je ne crois pas non plus que Dieu résout tous nos problèmes. En fait, je crois qu'Il nous en donne des plus grands et des meilleurs! Quand les gens apprennent à connaître Dieu, leur vie ne devient pas plus facile, mais elle devient *meilleure.* Puisque les bons joueurs de baseball veulent jouer contre de bons adversaires, et les rudes joueurs de football veulent jouer contre de rudes adversaires, est-ce que les gens qui vivent ne désirent pas *vivre* au lieu de végéter? C'est le conflit, l'effort et le sacrifice — et non la vie facile et le repos — qui forment de vrais hommes et de vraies femmes!

Un individu m'a dit: «Charlie, est-ce que tu es un de ces gars qui croient que les autres gens devraient croire parce qu'eux, ils sont croyants?» Non, ça, je n'y crois pas. Un autre gars m'a dit: «Crois-tu que les gens devraient croire tout ce à quoi tu crois?» Je lui ai répondu: «Non, mais je crois vraiment que les gens devraient savoir à quoi ils croient, pourquoi ils y croient et ensuite y *croire.*»

Je me souviens d'une réunion à Palm Springs qui réunissait quelque 30 hommes qui avaient fait à peu près 500 000 000 $ en affaires l'année précédente. Notre conférencier n'était pas expert en vente et en

recrutement, mais il nous a dit quelque chose qui a attiré mon attention: «Messieurs, vous ne serez prêts à vivre votre vie que lorsque vous saurez ce que vous voulez qu'on inscrive sur votre tombe.» J'ai pensé: «Hummmmm, il me faudra un grand monument...» Non, il ne parlait pas du monument. Il voulait simplement dire: Pour quelles raisons vivez-vous votre vie?, en s'exprimant différemment.

La religion est l'une des choses auxquelles je me suis toujours opposé. J'étais contre la religion parce que j'étais contre le fait de vivre en s'appuyant sur un tuteur ou une béquille, et aussi parce que j'étais *en faveur* de ce que la religion *désapprouve*.

Quand j'étais jeune, les gens d'église me disaient: «Jones, tu devrais détester le péché. Et je pensais: «Mais j'adore ça! De ma vie, je n'ai jamais suivi un cours de péché; ça m'est venu tout naturellement.»

Mon père me disait: «Maintenant, écoute un peu, mon fils. Tu dois t'arrêter de boire, de fumer, de jurer et de jouer pour de l'argent.» Je lui disais: «Un instant, papa. Je ferais mieux d'aller tout de suite en enfer — qu'est-ce que je vais faire de tout mon temps libre?»

Quelqu'un d'autre me disait: «Tu dois te consacrer à la religion.» Je lui répondais: «Un instant. Je suis plus heureux sans religion que vous l'êtes avec la religion. Si vous voulez travailler à changer quelqu'un, pourquoi est-ce que vous ne travaillez pas avec l'un de ces pauvres types religieux et ne me laissez-vous pas être heureux?» Et ils s'en allaient effrayés.

Je me souviens que quelqu'un m'a dit: «Tu dois faire tout ce que tu peux pour arriver.» Je lui répondais: «tout ce que je peux? Mon ami, si la condition qui mène au paradis est de faire tout ce qu'on peut, alors je ne suis pas loin de l'enfer, parce que de toute ma vie, je n'ai jamais fait tout ce que je pouvais.» J'aurais toujours pu faire un petit peu mieux, si j'y avais mis un petit peu plus d'effort. Alors, j'ai dû me rendre en enfer très élégamment, avec tous ceux qui négligeaient de faire de leur mieux.

Puis, un jour, ils m'ont dit: «Jones, tu dois faire baptiser tes enfants, sinon ils n'iront jamais au paradis.» J'ai pensé: «Hummmmm, je peux bien prendre un risque quant à mon propre destin, mais je ne peux pas jouer avec celui de mes enfants.» Alors il y a à peu près 18 ans, nous nous sommes tous présentés devant un immense groupe de personnes et nous nous sommes fait baptiser. Je me souviens encore comme je me sentais mal de faire toutes ces promesses au pasteur. Est-ce que j'allais faire telle et telle chose, me demandait-il. Et je répondais: «Oui, oui, oui.» J'étais conscient de mentir à chaque fois, mais tous mes copains avaient menti et je me disais que je n'avais pas le droit de faire tomber tout le château de cartes quand il était presque terminé.

Un jour, j'étais en voiture et j'ai aperçu un copain que je n'avais plus revu depuis des années. Je me suis arrêté et il a sauté dans ma voiture! J'étais prêt à lui

Aucune joie dans la vie ne se compare à celle de connaître Dieu et de savoir qu'Il nous connaît.

C.E.J.

vendre quelque chose, mais il m'a «coupé l'herbe sous le pied.» «Charlie Jones, comment va ton âme?» m'a-t-il demandé.

J'ai dit: «Mon âme?»

Il m'a dit: «Es-tu sauvé?»

J'ai pensé: «Nous y voilà.»

Il m'a dit: «Iras-tu au ciel quand tu mourras?»

«Quand je mourrai!» lui ai-je dit, «je commence à peine à m'enthousiasmer pour la vie!»

Sa Bible jaillit de sa poche et je me suis alors rendu compte que pour la première fois de ma vie, je me trouvais en présence d'un fanatique de la religion — mais qui semblait vraiment en bonne santé. J'ai préparé ma stratégie avec soin. Je laisse toujours le client dire tout ce qu'il a à dire, et quand il a complètement épuisé sa pensée, je pense à résoudre le problème. L'ennui, avec celui-ci, c'est qu'il ne s'arrêtait plus de parler.

Eh bien, il m'a coincé. J'étais prêt à lui servir mes plus belles pointes du dimanche, mais il ne voulait plus se tenir tranquille. Je connaissais tous les clichés religieux et leurs réponses, mais ce type-là ne m'a pas indiqué à quelle église je devais me joindre, à quoi je devais renoncer, ni ce que je devais acheter. Il m'a dit que tout ce que disait la Bible était vrai, que Jésus-Christ est le Sauveur des hommes et que Dieu aime les pécheurs.

Moi qui croyais que Dieu n'aimait que les gens religieux, et voilà qu'on me dit qu'Il aime les canailles. Je n'arrivais pas à le croire. Je lui ai dit: «Tu veux me dire que Dieu m'aime et qu'Il veut entrer dans ma vie, juste comme ça? Est-ce que tu essaies de fonder une nouvelle religion? Tu arrives là et tu me dis que tout ce que j'ai à faire, c'est de donner mon cœur à Dieu et Le laisser vivre ma vie. J'ai entendu beaucoup de discussions religieuses, mais je n'avais encore jamais entendu ça.»

Il a dit: «Peut-être que c'est parce que...» et il m'a lu quelque chose de la Bible. J'avais lu tous les livres que j'avais pu trouver pour essayer de nier ce que dit la Bible. Je pensais que la Bible était un mythe, un conte de fée, un ouvrage de la littérature classique. Je lui ai dit: «Ça, c'est juste pour les ignorants et les pauvres. Ce n'est pas pour les gens qui *savent*.» Mais il continuait à lire l'Écriture Sainte et je ne pouvais pas y répondre.

Je lui ai dit: «D'accord, quand je serai sur le point de tourner une nouvelle page, je chercherai quelques-uns de ces textes; ça semble bon.»

Il m'a dit: «Tu n'as pas besoin d'une nouvelle page; tu as besoin d'une nouvelle vie.»

J'ai pensé: «Je me demande bien comment il sait ça!»

Je me suis vite rendu compte qu'il n'allait pas m'acheter de police d'assurance, et que je ne voulais pas me faire convertir. Alors je me suis préparé à le pousser hors de la voiture. Il savait qu'il tentait ses dernières chances, mais il n'abandonnait pas — il me citait des versets bibliques contre lesquels je ne pouvais rien.

Finalement, il m'a dit: «D'accord, Charlie, je vais m'en aller, mais souviens-toi d'une chose: si la Bible a tort et que tu as raison, les chrétiens n'ont rien à y perdre. Mais si la Bible a raison et que tu as tort, tu as tout à y perdre.» Puis il a ajouté: «Les protestants, les juifs et les catholiques ne s'entendent pas sur un tas de choses, mais ils sont d'accord sur une chose: la Bible est la parole de Dieu.»

C'était le meilleur plaidoyer en faveur de la chrétienté que j'aie jamais entendu. J'ai réussi à m'en débarrasser, mais je n'ai jamais réussi à l'oublier. J'ai alors décidé que je ne mangerais pas un repas, que je ne vendrais pas une police, que je ne parlerais à personne avant d'avoir déterminé si c'était vrai. Si la Bible n'était pas vraie, je la jetterais à la poubelle, je dormirais tous les dimanches matins et j'économiserais ainsi un dollar par semaine. Mais si je décidais que la Bible était vraie, je demanderais à Dieu de faire de moi un chrétien, quoi que ça me coûte.

Je savais que je n'avais pas besoin de Dieu pour réussir dans la vie. Je n'avais pas besoin de Dieu pour être américain. Je n'avais pas besoin de Dieu pour trouver une épouse. Je n'avais pas besoin de Dieu pour avoir des enfants. Mais j'avais vraiment besoin de quelque chose.

Je regarde en arrière, aujourd'hui, et je me rends compte que je n'ai jamais été aimé dans le vrai sens du terme. Je n'avais jamais senti l'amour me pénétrer au-delà des barrières que nous dressons tous dans nos cœurs. Je ne savais pas qu'un tel amour existait.

Alors, ce jour-là, je me suis promené dans les rues de Lancaster en auto et j'ai pesé le pour et le contre. Je me souvenais d'une autre chose que mon ami m'avait dite: «Charlie, il n'y a rien que tu puisses faire pour Dieu; Dieu veut tout faire pour toi.»

105

C'était un point de vue inhabituel. En général, les gens venaient me dire: «Dieu aurait bien besoin d'un individu comme toi.» Et je leur répondais: «Si Dieu a besoin de *moi* pour L'aider à s'en sortir, Sa situation est déjà beaucoup trop grave.»

Après y avoir bien pensé, j'ai arrêté ma voiture, j'ai baissé la tête et j'ai dit: «Dieu, là je ne comprends pas grand-chose à tout ça, mais pour une raison ou une autre, je crois pour la première fois que la Bible est vraie et que je suis un pécheur. Je désire que Tu me pardonnes et que Tu entres dans mon cœur et que Tu fasses de moi un chrétien, au nom du Christ, Amen.»

En disant «Amen», j'ai levé la tête et j'attendais le claquement des ailes des anges ou l'éclatement des étoiles. J'avais entendu des gens décrire le moment où l'on se donnait à la religion et j'ai pensé: «Ou-ou-ouh, ça va être fantastique, maintenant.» Je suis resté assis là et rien ne s'est passé!

J'ai pensé: «Peut-être que Dieu pense que j'ai fait une de mes anciennes prières.» Avant, je priais souvent en disant: «Seigneur, donne-moi de l'enthousiasme aujourd'hui, et je tournerai une page nouvelle.» Mais ce n'étaient pas des prières. Mais ce

---

Je voudrais pouvoir vous laisser ma possession la plus chère, ma foi en Jésus-Christ, car avec Lui seul vous pouvez être heureux, et avec tout le reste vous ne serez jamais heureux.

Patrick Henry

jour-là, pour la première fois de ma vie, je faisais une prière honnête qui venait du plus profond de mon cœur.

J'ai baissé de nouveau la tête comme un enfant et j'ai dit: «Maintenant, Seigneur, je suis vraiment sérieux. Écoute ma prière. Amen.»

J'ai de nouveau relevé la tête. Toujours pas de sentiment particulier. Et rien n'est venu ce jour-là — ni le jour suivant! Mais j'ai appris quelque chose.

Quand j'étais petit, je voulais grandir et devenir un homme. J'étais très impatient de savoir comment on se sentait quand on était un homme. À l'âge de 12 ans, je me glissais dans la salle de bains quand mon père avait fini de se raser, je sortais le vieux rasoir et je grimaçais dans le miroir. Il m'avait dit que si je rasais mon duvet de pêche, mes favoris apparaîtraient beaucoup plus tôt — wow, c'est exactement ce qu'il me fallait pour me sentir homme.

Je mettais les souliers de mon père et je tenais ses pantalons contre moi pour voir si je le rattrapais. Quand j'ai atteint mes 20 ans et 364 jours, je ne pouvais plus attendre de devenir un *homme* réel, vivant, tout en santé. Et quand mon 21e anniversaire est enfin arrivé, je n'ai senti aucune différence!

J'étais très impatient de savoir comment on se sentait une fois marié. Je savais pourquoi je ne me sentais pas vraiment bien quand elle a accepté de m'épouser — je ne l'avais pas reçue signée, scellée et dûment livrée. Je savais que dès que je serais en possession complète de quelqu'un, je ressentirais le sentiment qui me manquait actuellement.

Et puis je me suis retrouvé devant le prêtre qui a dit: «Je vous déclare maintenant mari et femme.» Ça y est, je l'avais. Mais je n'ai ressenti aucune différence. Quelques semaines plus tard, si je m'étais retourné dans le lit en lui disant: «Chérie, je ne me sens plus marié du tout», elle m'aurait répondu: «Tu l'es quand même et n'essaie pas de t'en échapper!»

Il m'était inutile de nier que j'étais marié. Je l'avais acceptée et elle m'avait accepté et nous étions mariés. Je n'ai jamais dû le sentir. Mais je faisais mieux d'y croire!

Un jour, j'ai renoncé à me déclarer fièrement contre Dieu et j'ai décidé de Lui demander d'entrer dans ma vie. Dieu a dit qu'Il y entrerait, je L'ai cru, et l'affaire était conclue.

Ne passez pas votre vie à vous laisser emporter de part et d'autre. Ne vous préoccupez pas des sentiments. Une telle indulgence n'appartient qu'à ceux qui se laissent guider par leurs caprices. Celui qui apprend à vivre vraiment saura prendre une décision et s'y tenir.

Quand vous prenez une décision, faites-en *votre propre* décision. *Vivez pour elle.* Gravez ceci dans votre cœur. Et n'oubliez pas que *ce ne sont pas les décisions qui font les hommes, ce sont les hommes qui font les décisions.*

Réflexions d'avant et après-coup

*Les meilleures leçons que j'ai reçues de la vie ne sont pas telle-
ment celles qui m'ont enseigné de nouvelles choses, mais bien
celles qui m'ont appris à désapprendre certaines vieilles choses.*

*Formule de croissance aux résultats sûrs et garantis: tassez
50 années d'échecs dans une période de 15 ans.*

*Le plus grand défi dans la vie n'est pas d'être un homme mené
par les hommes, mais un homme mené par Dieu.*

*Une compagnie ne devrait pas viser à avoir plus d'hommes dans
ses affaires ni à faire entrer plus d'affaires dans ses hommes; son
plus grand défi est de faire entrer plus d'humanité dans chacun
de ses hommes.*

*Ne vous préoccupez pas de devenir plus utile là où vous ne l'êtes
pas; le meilleur emploi que vous aurez dans votre vie est celui
que vous tenez actuellement. Aucun emploi n'a jamais créé un
homme, mais l'homme adéquat peut créer n'importe quel emploi.*

*On ne devient un raté que quand on se met à blâmer quelqu'un
d'autre.*

*Il n'est pas important que tout le monde soit comme vous, mais
il est très important qu'il existe quelqu'un qui soit exactement
comme vous.*

*Ne passez pas votre vie à prendre de bonnes décisions; investis-
sez-la à prendre des décisions et à les rendre bonnes.*

Charlie «T.*» Jones «Le Magnifique».

---

*   N.D.T.: «T.» pour Tremendous qui signifie ici «Le Magnifique».

CHAPITRE 4

Les leaders sont des lecteurs

Voici l'une des plus belles pensées que j'aie jamais entendues: «Vous serez, dans cinq ans d'ici, la même personne que vous êtes aujourd'hui, mais modifiée par les gens que vous rencontrez et enrichie par les livres que vous lisez.» Vous savez, c'est absolument vrai.

Il y a quelques années, quelqu'un m'a passé une copie de «Wake up and Live». Bon sang, quel livre extraordinaire! Et écrit par une femme, à part ça! Je n'ai rien contre les femmes, bien entendu, mais c'est très étonnant de voir que celui-ci est meilleur que tout ce qu'un homme aurait pu écrire — ce qui prouve qu'après tout, nous sommes au moins égaux!

Ce livre est extraordinaire parce qu'il indique d'une façon passionnante comment atteindre le succès. J'ai découvert avec beaucoup de découragement que je travaillais plus à mon échec qu'à ma réussite. Quelqu'un me demandait: «Si vous travaillez plus à votre échec qu'à votre réussite, comment se fait-il que vous réussissiez si bien?» Je ne cherche pas à me vanter; est-ce que j'y peux quelque chose si les autres gens travaillent plus fort à leur échec que moi?

Dites-moi: Qu'est-ce qui nous fait échouer? L'anxiété, la crainte, l'incertitude, l'insécurité, l'égoïsme, la jalousie, l'ingratitude, l'irritation, la désorganisation... pensez-vous que j'ai déjà suivi des cours sur ces sujets-là? Et je suis spécialisé dans chacun d'eux. Ils me viennent tout naturellement.

Mais de quoi avons-nous besoin pour devenir réels, pour nous développer? Il nous faut du courage, de la chaleur, de la profondeur, de la sincérité, de la foi, de la gratitude, de la générosité... De par nature, il me manque tous les ingrédients du succès. Bien sûr, je peux jouer la comédie, mais quelquefois, quand un homme sait être acteur, on lui «coupe l'herbe sous le pied.»

Je ne veux être ni un acteur ni un raté, mais j'ai besoin d'aide. Les livres m'ont aidé à réfléchir sur certaines choses et à adopter certaines pensées magnifiques que je n'aurais pu découvrir que par la lecture.

Je n'oublierai jamais la joie que j'ai ressentie en lisant un livre plein de vérités magnifiques qui étaient diamétralement opposées à mes croyances d'avant. Après le premier livre, j'en ai trouvé plusieurs autres, et un bon nombre de ces pensées merveilleuses avaient été écrites pour la première fois il y a un demi-siècle ou un siècle.

J'ai commencé à partager ces idées en achetant une quantité de ces livres et j'en ai donné un à tous ceux qui venaient dans mon bureau. Qu'ils veuillent le lire ou non, ils en recevaient un. Je savais qu'une fois ou l'autre ils auraient envie de lire, et ces livres pouvaient mieux les aider qu'un plein chargement de pilules.

Les livres ont commencé à changer ma vie ainsi que celle de mes amis et associés. Puis je me suis rendu compte que j'avais oublié les gens les plus importants dans ma vie: ma famille. À cette époque, mon fils aîné, Jere, avait 14 ans. C'était l'exemple parfait de l'adolescent moderne. Il ne faisait jamais rien de mal; il ne faisait jamais rien de bien; il ne faisait jamais rien, c'est tout! Oh, il s'amusait à faire des sports. Il était l'un des meilleurs de son école. Mais quand il s'agissait de s'enthousiasmer, il était mort. Il était si introverti qu'il ne pouvait même pas animer une prière silencieuse!

Comme la plupart des pères j'ai beaucoup critiqué les agissements du gouvernement, mais un jour je me suis aperçu que j'agissais d'une façon encore pire dans mon propre foyer, que les politiciens à Washington. Je me suis dit qu'il était temps de faire des changements, et puisque les livres m'avaient si magnifiquement aidé dans ma vie, j'ai décidé de m'en servir avec mon fils.

Je savais que Jere n'accepterait pas que je le force à lire, alors j'ai élaboré une stratégie. Vous savez que vous pouvez bien amener un cheval au bord de l'eau, mais vous ne pouvez pas le forcer à boire. Alors j'ai décidé de mettre un peu de sel dans son avoine pour l'assoiffer.

«Jere, dans deux ans tu vas vouloir que je t'aide à acheter une voiture, et je tiens à t'aider. Mais je ne vais pas te donner l'argent. Voici ce que je te propose.

Je vais te payer 10 $ pour chaque livre que tu lis. Je choisirai le livre, tu m'en feras un rapport écrit et je placerai 10 $ dans un fonds pour ta voiture.

Alors si tu lis bien, tu conduiras quelque chose de bien. Mais si tu lis mal, tu conduiras quelque chose qui va mal.» Du jour au lendemain, il s'est développé une soif de lecture terrible!

Comme premier livre, je lui ai donné *How to Win Friends and Influence People* (Comment se faire des amis) de Dale Carnegie. Je n'oublierai jamais le sourire qu'il avait le lendemain matin en descendant les escaliers: «Papa, il y a tout un chapitre sur l'art de sourire et de serrer la main!» Et il me souriait — à 14 ans seulement! J'ai connu des hommes qui ont passé leur vie entière sans savoir sourire et serrer la main vigoureusement!

Puis je lui ai fait lire *The Atom Speaks* de D. Lee Chesnut. Monsieur Chesnut était directeur des ventes à la Compagnie Générale Électrique et dans son livre il reliait les aspects spirituels et scientifiques de la vie. Je lui ai fait lire ce livre parce que je savais que quand il irait à l'université, il m'écrirait la lettre célèbre «Cher papa»:

Cher papa,

Ta foi n'a aucun sens. Je ne crois pas en ton Dieu. Salut.

Je voulais m'assurer que quand il irait à l'université, il ne s'en irait pas avec ma foi en Dieu, mais avec sa propre foi en Dieu, et que si cette dernière ne fonctionnait pas, ce serait sa faute à *lui*. Aucun enfant ne peut faire fonctionner la foi de ses parents; il doit avoir la sienne. Je voulais aussi le préparer à affronter le professeur qui essaierait de prouver que Dieu est inutile.

Mon cœur souffre pour le garçon que son père envoie à l'université pour parfaire son éducation sans lui avoir enseigné quelques-uns des «pourquoi» et des «comment» de la vie. J'ai bien aimé ce que disait un grand directeur: «Après avoir passé ma vie dans le développement administratif, je suis convaincu que la croissance spirituelle est plus importante que l'éducation; vous pouvez parfaire votre éducation sans vous développer, mais vous ne pouvez pas vous empêcher de parfaire votre éducation lorsque vous vous développez spirituellement.»

Je n'oublierai jamais la fois où j'ai donné à Jere un livre d'Alan Redpath, pasteur anglais. Il parlait de la vie de Josué dans la Bible. Ce livre fait revivre l'Ancien Testament. Il vous montre comment vous pouvez *perdre!* J'ai dit à Jere: «Tu dois vivre pour gagner, mais quand tu perds, Wow! Apprécie-le et lance-toi dans le combat suivant.» Jere n'a compris ceci que quand je lui ai donné le livre de monsieur Redpath.

On ne lit vraiment rien qu'en lisant avec un but bien personnel à l'esprit.

Paul Valéry

L'une des illustrations de ce livre décrit deux pasteurs qui se rencontrent dans la rue. L'un des pasteurs dit à l'autre: «Hé, j'ai entendu dire que ton église avait connu tout un réveil.»

L'autre répondit: «Ah, ça oui.

— Beaucoup de nouveaux fidèles?

— Aucun, mais nous avons eu quelques pertes bénies!»

Vous voyez, pour gagner, vous ne devez pas nécessairement obtenir; quelquefois, en perdant, vous gagnez. Bref, nous nous rendions à l'école du dimanche et j'ai dit: «Jere, comment ça va avec mon ami Alan Redpath?»

Jere m'a regardé en me disant: «Papa, tout le monde devrait lire ce livre.» Puis il m'a donné un petit coup de pied à la jambe en disant: «Non, papa, tout le monde devrait être *forcé* de lire ce livre!» Pendant 15 ans, mon fils s'était traîné dans la maison à moitié mort, et maintenant il avait un tigre au derrière!

Finalement, Jere a lu 22 livres. Est-ce qu'il s'est acheté une voiture? Non, il a gardé l'argent et il a utilisé ma voiture et mon essence. Est-ce qu'il m'a écrit une lettre «Cher Papa»? Oui et non. Il m'a écrit une carte «Cher papa» chaque jour qu'il était à l'université et j'étais fou de joie en lisant ses mots. Il avait pris l'habitude d'écrire chaque jour sur une nouvelle idée qui l'avait frappé ou l'ébauche toute fraîche d'une nouvelle idée. Et ces idées lui venaient de ses lectures. Je pourrais même vous dire la page exacte du livre que je lui avais fait lire et qui lui avait inspiré certaines de ses idées magnifiques!

Voici quelques-une des notes de Jere qui montrent ce que les livres lui ont apporté, à lui et à son père!

Cher papa,

Le seul homme qui puisse être heureux, atteindre le succès et se sentir confiant est celui qui reste simple. SIB-KIS*. Tant que son esprit ne saura pas cristalliser toutes les réponses en un bloc puissant de motivation personnelle, sa vie ne sera que crainte et incertitude.

* (Voyez-le grand — gardez-le simple!)

Magnifiquement aussi, Jere

Papa,

C'est magnifique de savoir que quand on passe par un mauvais moment, comme avec le temps, le joueur de base-ball pourra passer au travers, nous aussi, on pourra passer au travers de notre mauvaise situation. Oui, c'est vrai que le temps arrange les choses. Comme tu disais, on ne perd pas de problèmes, on en reçoit des plus gros et des meilleurs. Des magnifiques!

Jere

Papa,

Je viens de commencer à lire 100 Great lives (100 vies extraordinaires). Merci de ce que tu as écrit au début, qu'aucun grand homme n'a jamais cherché à devenir grand; il s'est contenté de suivre la vision qu'il avait et de faire ce qu'il devait faire!

Avec toute mon affection,
Jere

Papa,

Je viens de finir de taper des petites citations de la Bible et de Napoleon Hill que j'épinglerai pour que je puisse les voir de partout. Quand les gens me demanderont ce que c'est, je leur dirai que ce sont mes pin up.

Jere

Papa,

Je suis plus convaincu que jamais que l'on est capable de faire tout ce qu'on veut; on peut vaincre n'importe qui à n'importe quoi, juste en travaillant fort. Les handicaps n'ont pas d'importance parce que souvent les gens qui n'en ont pas sont dans un mauvais état d'esprit et ils ne veulent pas travailler.

Jere

Papa,

Rien de nouveau, juste toujours la même pensée passionnante, que l'on peut connaître Dieu personnellement et pour toujours, dans cette vie surprenante qui est la nôtre!

Jere

Papa,

Les pensées de Dieu sont si incroyables. Il ne nous envoie que des paradoxes. Il nous rend entièrement et totalement impuissants et dépravés, et ensuite Il se sert de cet échec qui normalement devrait nous écraser — et Il en fait notre plus grand atout.

Jere

Papa,

Quand tu te trouves derrière deux armoires à glace au quatrième quart, que le jeu t'a épuisé, que tu dois faire ces touches si tu veux rester dans la partie, que tu te rends vers la ligne où tu vois 5 gars de 114 kilos qui t'attendent pour te traîner dans la boue, c'est drôlement excitant d'attendre pour voir quel jeu le Seigneur va décider de te faire jouer! WOW!

Jere

Maintenant vous comprenez pourquoi je crois à la puissance des livres! J'aime partager les bonnes choses, alors je raconte certaines de ces expériences à des groupes à travers le pays. En Nouvelle-Orléans, un homme est venu me dire qu'il avait lancé son fils dans un programme de lecture après m'avoir entendu parler à Dallas et que les résultats l'enthousiasmaient.

Il est venu vers moi en me disant: «Je suis meilleur vendeur que vous.» «Comment ça?» lui ai-je demandé. «J'ai réussi à faire lire mon gars pour 5 $ par livre seulement», m'a-t-il dit. Puis il a ajouté: «Si j'avais su à ce moment-là tout le bien que ces livres allaient faire à mon garçon, j'aurais été heureux de payer 100 $ par livre! Je serais même allé jusqu'à 1000 $ par livre, mais j'ai 6 enfants!»

Comme les gens commençaient à me demander les titres des livres que Jere avait lus, j'en ai fait imprimer la liste, dont j'ai distribué des milliers de copies. Puis, je me suis dit que le meilleur moyen de communiquer le titre de différents types de livres d'inspiration aux lecteurs serait de regrouper les livres de poche les plus intéressants par besoins et intérêts. J'ai sélectionné des livres par groupe pour leaders, vendeurs, adolescents, travailleurs, ecclésiastiques et mères et je les offrais à un prix abordable. Je peux vous garantir que quiconque lira ces livres régulièrement passera par une révolution personnelle constante.

Je n'ai pas assez de place pour illustrer trop en détail le contenu de ces livres, mais je voudrais vous faire part de certaines pensées contenues dans quelques-uns de ces livres qui ont tant apporté à la famille Jones.

How To Win Over Worry, par John Haggai
(Comment vaincre l'inquiétude)

Pour que votre esprit soit en paix, assurez-vous d'exceller au moins dans une chose. Concentrez toutes vos forces sur votre travail. Rassemblez toutes vos ressources, toutes vos facultés, concentrez toute votre énergie, canalisez toutes vos capacités à maîtriser au moins un domaine d'activités. C'est un antidote garanti contre un esprit partagé. Cessez de disperser vos tirs. Abandonnez tous les intérêts auxquels vous ne vous consacrez qu'à moitié pour devenir superbe en toutes choses. Assurez-vous de savoir ce que Dieu a décidé pour votre vie. Demandez l'aide et la force de Celui par lequel vous pouvez toutes choses. Efforcez-vous de gagner la maîtrise de ce que vous faites, et tuez votre inquiétude avec vos habiletés.

The Reason Why (Le Pourquoi),
par Robert A. Laidlaw

Imaginez un jeune homme qui devrait envoyer à sa fiancée un diamant d'une valeur de 500 $ qu'il place dans une petite boîte que le bijoutier lui a laissée pour rien. Comme il serait déçu si, quand il la revoit quelques jours plus tard, elle lui dit: «Chéri, tu m'as envoyé une petite boîte adorable. Je vais en prendre bien soin, je vais la garder emballée dans un endroit sûr pour qu'il ne lui arrive rien.» Assez ridicule, non? Et pourtant les hommes et les femmes sont tout aussi ridicules quand ils consacrent tout leur temps et toute leur attention au soin de leur corps, qui n'est qu'une boîte contenant leur vraie personne, leur âme qui, comme le dit la Bible, sera encore en vie bien après que leur corps se soit réduit en poussière. Leur âme a une valeur infinie.

Psycho-Cybernetics, par Maxwell Maltz
(La psychocybernétique)*

Nous négligeons souvent le fait que l'homme aussi a l'instinct du succès, qui est bien plus merveilleux et bien plus complexe que celui de n'importe quel animal. Notre Créateur n'a pas diminué l'homme. D'autre part, Il a béni l'homme tout spécialement. Les animaux ne peuvent pas choisir leurs objectifs. Leurs buts (leur propre préservation et leur procréation) ont été fixés à l'avance, si l'on veut. Et leur mécanisme de succès se limite à ces buts que nous appelons «instincts».

D'un autre côté, l'homme est doté de quelque chose que l'animal n'a pas: l'imagination créatrice. Donc, de toutes les créatures, l'homme est plus qu'une créature, il est aussi créateur. Son imagination lui permet de formuler toute une variété d'objectifs. L'homme peut, par lui-même, contrôler son mécanisme de succès grâce à son imagination ou à sa capacité d'«imaginer».

(Tous les livres sus-décrits font partie du groupe pour le leader).

A Woman's World, par Clyde M. Narramore
(Le monde d'une femme)

Vous êtes un être intelligent. Dieu vous a doté d'un esprit de recherche. Cependant, si vous ne répondez pas à Ses exigences de stimulation, vous deviendrez suranné et sans intérêt.

L'intelligence n'appartient pas qu'aux hommes ou à quelques femmes douées. Chaque personne a des qualités d'intelligence. Malheureusement, certaines se laissent tellement dominer par la routine quotidienne

---

* Publié aux éditions Un monde différent ltée sous format de cassette audio.

de leur foyer ou du bureau qu'elles annihilent leur intellect. Le facteur essentiel n'est pas vraiment ce que vous apprenez, mais votre propre attitude envers votre développement personnel. Dès que vous comprenez la valeur de la croissance continue, toutes les circonstances qui vous entourent peuvent devenir des marches qui vous aideront à monter. Dans la vie, on acquiert la plus grande partie de sa connaissance de façon informelle. Quand vous aurez appris à raffiner votre puissance de discernement et que vous vous entraînerez à l'observation, un monde entièrement nouveau apparaîtra sous vos yeux. Même les choses les plus ordinaires revêtiront une signification toute nouvelle.

Advice From A Failure, par Jo Coudert
(Conseils d'un raté)

Bien des gens, s'ils traitaient les autres comme ils traitent leur époux, ou leur épouse, n'auraient bientôt plus un seul ami dans le monde. Pourquoi les gens pensent, en général, que le mariage est plus imperméable aux effets de la discourtoisie que de l'amitié, je n'en sais rien, mais de tous ceux que j'ai rencontrés, seuls les serveurs en chef, les chauffeurs de camion et les époux lancent constamment des insultes. Si je devais formuler une bannière à afficher au-dessus du mariage, j'inscrirais ceci:

Amour, fais que nous soyons aimables l'un envers l'autre.

(Ces livres font partie des 13 puissants livres qui composent le groupe pour l'épouse).

I Dare You, par William Danforth
(Je vous défie!)*

> H.G. Wells décrit comment chaque être humain peut déterminer s'il a vraiment réussi dans la vie. Il dit: «La richesse, la notoriété, la place et le pouvoir ne sont pas du tout des mesures de succès. La seule vraie mesure du succès est le rapport entre, d'une part, ce que nous avons pu faire et ce que nous avons pu être, et d'autre part, la chose que nous avons accomplie et la chose que nous avons faite de nous-mêmes.»

> Je veux que vous partiez en croisade dans votre vie — osez être à votre meilleur. Je suis persuadé que vous êtes une personne meilleure et plus apte que ce que vous avez montré jusqu'à présent. La seule raison pour laquelle vous n'êtes pas la personne que vous devriez être, est que vous n'osez pas l'être. Dès que vous oserez, dès que vous cesserez de dériver avec la masse et que vous ferez face courageusement à la vie, votre vie prendra une tout autre signification. Des forces nouvelles vont grandir en vous.

Your God Is Too Small, par J.B. Phillips
(Votre Dieu est trop petit)

> Il semble que la stratégie du Christ était de gagner la loyauté des quelques êtres qui réagiraient honnêtement au nouveau mode de vie. Ils deviendraient les pionniers du nouvel ordre, les chefs du front qui allaient lutter contre l'ignorance de la masse, contre l'égoïsme, le mal, l'hypocrisie et l'apathie de la majorité des humains. On leur avait fixé l'objectif pour

---

* Publié aux éditions Un monde différent ltée sous format de livre et de cassette audio.

lequel ils devaient travailler et prier — et, s'il le fallait, souffrir et mourir — de bâtir un nouveau Royaume de suprême loyauté intérieure, le Royaume de Dieu. Ils devaient braver toute frontière raciale et — et c'est là l'important — toute frontière de temps et d'espace.

Public Speaking (Parler en public),
par Dale Carnegie

Vous et moi n'avons que quatre contacts avec le monde. On nous évalue et on nous classifie selon quatre critères: par ce que nous faisons, par notre apparence, par ce que nous disons et par la façon dont nous le disons. Et pourtant beaucoup de gens avancent maladroitement à travers leur longue vie, après avoir quitté l'école, sans jamais s'efforcer consciemment d'enrichir leur vocabulaire, de maîtriser les subtilités de leur langue, de parler avec précision et de façon distincte. Ils se contentent habituellement d'utiliser les expressions usées et épuisées du bureau et de la rue. Pas étonnant qu'ils ne s'expriment pas de façon distincte et individualiste. (Le groupe pour adolescents contient neuf autres livres les incitant à modifier leur vie).

That Incredible Christian, par Q.W. Tozer
(Cet incroyable chrétien)

De plus, le chrétien qui porte sa croix est à la fois un pessimiste et un optimiste invétéré. On n'en trouve point d'autre comme lui sur toute la terre.

Quand il regarde la croix il est pessimiste parce qu'il sait que ce jugement qui a frappé le Seigneur de la gloire condamne toute la nature et tout le monde des humains. Il rejette tout espoir humain qui ne vient pas du Christ, parce qu'il sait que le plus noble effort de l'homme ne sera toujours que de la poussière sur de la poussière.

Et pourtant il reste calmement, tranquillement optimiste. Si la croix condamne le monde, la résurrection du Christ garantit le triomphe final du bien dans tout l'univers. Grâce au Christ, tout s'arrangera à la fin et les chrétiens en attendent l'avènement. Incroyables chrétiens!

The Release of the Spirit, par Watchman Nee
(La délivrance de l'esprit)

Tous ceux qui servent Dieu découvrent à un moment ou un autre que le plus grand obstacle à leur travail n'est autre qu'eux-mêmes. Ils découvrent que leur personne intérieure et leur personne extérieure ne sont pas en harmonie, car elles tendent toutes les deux vers une direction opposée. Ils sentiront également que leur personne extérieure ne réussit pas à se soumettre au contrôle de l'Esprit, ce qui les rend incapables d'obéir aux ordres les plus importants de Dieu. Ils découvriront vite qu'ils ont plus de difficulté avec leur personne extérieure, qui les empêche d'utiliser leur esprit. (Ces livres, tout comme les 11 autres qui font partie du groupe pour le travailleur ecclésiastique, vont au fin fond de nos problèmes et au centre des solutions de Dieu).

L'un de nos nouveaux coffrets de livres, le groupe pour la famille, comprend *The Living New Testament* — deux éditions illustrées du Nouveau Testament en langue moderne et *Spirit-Controlled Temperament* (Le tempérament contrôlé par l'Esprit), livre unique et pratique sur les problèmes spirituels et de personnalité, écrit par le pasteur et conseiller Tim LaHaye.

Les lecteurs ne sont pas nécessairement des leaders, mais les leaders sont toujours des lecteurs. Les gens qui préparent le chemin ou qui mènent les autres peuvent s'épuiser mentalement aussi bien que physiquement, parce que l'esprit a aussi besoin de se nourrir. Les 10 livres qui composent le groupe du leader m'ont extrêmement aidé en tant que père, mari, vendeur, directeur, citoyen et serviteur. On pourrait ajouter beaucoup de livres à la liste, mais 5 d'entre eux, n'importe lesquels, peuvent faire de ce projet l'entreprise la plus profitable de votre vie.

Je suis persuadé que les livres adéquats, entre les mains des gens adéquatement motivés, pourraient retourner le monde à l'endroit!

En lisant des livres d'inspiration, il est indispensable de se rappeler d'une règle essentielle: vous ne pouvez conserver et jouir que de ce que vous partagez et donnez. Si vous ne lisez pas dans le but de partager et de donner, je vous suggère de donner ces livres à quelqu'un qui les partagera avec vous et vous découvrirez la puissance des livres en observant le développement du lecteur à mesure qu'il partage avec vous. La meilleure chose serait peut-être d'utiliser l'idée du «subconscient» dans «*Réfléchissez et devenez riche**, manuel d'action» et que vous vous mettiez tous les deux à lire et à partager l'un avec l'autre.

Maintenant, vous avez encadré certaines pensées vitales en lisant ce livre: Vous savez que d'une façon ou d'une autre, vous êtes un leader; vous savez que vous êtes important pour Dieu et pour votre

---

*   Publié aux éditions Un monde différent ltée sous format cassette audio.

prochain; vous savez que la qualité de la vie dépend de l'observance des lois fondamentales de l'univers; vous savez (je crois) que la vie peut être magnifique — alors *sautez dedans* — vous êtes fait pour la vivre!

Grandes pensées de la vie

Celui qui a renoncé à ce qu'il ne pouvait pas garder pour gagner ce qu'il ne pouvait pas perdre n'est pas un imbécile.

Jim Elliot

Le bon sens brille plus encore lorsqu'il trempe dans l'humilité. Un homme capable mais humble est un joyau aussi précieux qu'un empire.

William Penn

Celui qui n'a plus de problèmes à résoudre n'est plus de la partie.

Elbert Hubbart

On trouve deux types de mécontents: celui qui se contente d'entretenir l'avarice, de ronchonner et de protester et celui qui rassemble tout l'effort qu'il peut décupler pour arriver au but tant convoité. À quelle catégorie appartenez-vous?

B.C. Forbes

On acquiert beaucoup plus de sagesse en échouant qu'en réussissant. On découvre souvent ce qui ira, en trouvant ce qui n'ira pas et il est bien probable que celui qui n'a jamais fait d'erreur n'a jamais fait de découverte.

Samuel Smiles

Si vous avez un point faible, transformez-le en force — et si vous avez un point fort, n'en abusez pas de peur qu'il ne devienne une faiblesse.

Dore Schary

L'essentiel dans le monde n'est pas tellement de savoir où nous en sommes, mais dans quelle direction nous allons.

Oliver Wendell Holmes

Les difficultés sont là pour montrer ce que sont les hommes.

Épictète

J'avoue être forcé de m'agenouiller devant la conviction écrasante que je ne sais plus dans quelle direction avancer. Ma sagesse et celle de tous ceux qui m'entourent ne suffit pas à satisfaire aux exigences d'aujourd'hui.

Abraham Lincoln

Malheureusement, nous préférons parler de l'homme tel qu'il devrait être, plutôt que de parler de lui tel qu'il est vraiment. On ne peut bien éduquer qu'à partir de la réalité pure, et non à partir d'une illusion idéale que nous nous faisons de l'homme, aussi attirante qu'elle puisse paraître.

Carl Jung

L'homme devrait exprimer sa connaissance dans ses actions; toute la valeur d'une connaissance supérieure réside dans le fait qu'elle pousse l'homme à l'accomplissement.

Christian Bovee

La chance frappe tout le monde, mais très peu d'entre nous s'aperçoivent qu'ils l'ont rencontrée. La seule façon de se préparer à en profiter est d'être simplement fidèle à ce que chaque jour nous apporte.

A.E. Dunning

Dans toute grande tentative, il est glorieux même d'échouer.

Cassius Longin

Un vrai grand homme ne perd jamais son cœur d'enfant.

Mencius

Si vous ne risquez plus d'être considéré comme un hypo-crite par vos amis, attention à votre hypocrisie envers Dieu.

Oswald Chambers

CHEZ LE MÊME ÉDITEUR:

Accomplissez des miracles *Hill, Napoleon*
Actions de gagnants *Delmar, Ken*
Agenda du succès *Un monde différent ltée*
Agenda du succès (format poche)
Aller au bout de soi *Furman, Richard*
Améliorez la qualité de votre vie *Schuller, Robert H.*
Après la pluie, le beau temps! *Schuller, Robert H.*
Art de réussir (L') *Adams, Brian*
Art de se faire accepter (L') *Girard, J.* et *Casemore, R.*
Attitude d'un gagnant *Waitley, Denis*
Attitude fait toute la différence (L') *Boling, Dutch*
Atteindre ses objectifs *Un monde différent ltée*
Avoir assez d'argent en tout temps *Young, Fred J.*
Bien vivre sa vie, au travail et à la maison *Ouimet, Denis*
Cadeau le plus merveilleux au monde (Le) *Mandino, Og*
Cercle des gagnants (Le) *Conn, Charles P.*
Changez vos habitudes par la carologie *Germain, Gisèle*
Chemin du bonheur (Le) *Montapert, Alfred A.*
Clés pour l'action *Diotte, Serge*
Comment contrôler votre temps et votre vie *Lakein, Alan*
Comment se faire des amis facilement *Teear, C.H.*
Comment se fixer des buts et les atteindre *Addington, Jack E.* (Français, Espagnol)
Communiquer: un art qui s'apprend *Langevin Hogue, Lise*
Conscience de soi (La) *Sénéchal, Gilles*
Croyez *DeVos, Richard M.*
Courage d'être riche (Le) *Haroldsen, Mark*
Cybernétique de la vente (La), tomes I, II et III *Adams, Brian*
De l'échec au succès *Bettger, Frank*
Développez habilement vos relations humaines *Giblin, L.T.*
Développez votre confiance et votre puissance avec les gens *Giblin, L.T.*
Devenez la personne que vous rêvez d'être *Schuller, Robert H.*
Devenez une personne extraordinaire dans un monde ordinaire
    Schuller, Robert A.
Devenir riche *Getty, John Paul*
Devenir le meilleur *Waitley, Denis*
Dites oui à votre potentiel *Ross, Skip*
Échelons de la réussite (Les) *Ransom, Ralph*
Efficacité dans le travail (L') *Bliss, Edwin C.*
Elvis est-il vivant? *Brewer-Giorgio, Gail*
En route vers le succès *Desrosby, Rosaire*
Entre deux vies *Whitton, Joel L.* et *Fisher, Joe*
Enthousiasme fait la différence (L') *Peale, Norman V.*
Étapes vers le sommet (Les) *Ziglar, Zig*
Étoffe d'un gagnant (L') *Grant, Dave*
Excellence dans le leadership (L') *Goble, Frank*
Facteur réussite (Le) *Lecker, Sidney*
Faites-le tout de suite! *Bliss, Edwin C.*
Filon d'or caché au fond de votre esprit (Le) *Norvel, Anthony*

Se prendre en main *Nadler, Beverly*
Secrets de la confiance en soi (Les) *Anthony, Robert*
Secrets du succès dans la vente (Les) *Gyger, Armand*
Secrets pour conclure la vente (Les) *Ziglar, Zig*
Sens de l'organisation (Le) *Winston, Stephanie*
Si j'avais su... *Lévesque, Aline*
Stratégies de prospérité *Rohn, Jim*
Stratégies pour conquérir la personne de vos rêves *McKnight, Thomas W.*
Stress dans votre vie (Le) *Powell, Ken*
Succès d'après la méthode de Glenn Bland (Le) *Bland, Glenn*
Succès de A à Z, tomes I et II (Le) *Bienvenue, André*
Succès n'a pas de fin, l'échec n'est pas la fin! (Le) *Schuller, Robert H.*
Télépsychique (La) *Murphy, Joseph*
Tout est possible *Schuller, Robert H.* (Français, Espagnol, Italien)
Transformez votre univers en 12 semaines *De Moss, A.* et *Enlow, D.*
Triomphez de vos soucis *McClure, Mary* et *Goulding, Robert L.*
Trois clés du succès (Les) *Beaverbrook, Lord*
Un *Bach, Richard*
Un guide de maîtrise de soi *Peale, Norman V.*
Un nouvel art de vivre *Peale, Norman V.*
Une meilleure façon de vivre *Mandino, Og*
Université du succès (L'), tomes I, II et III *Mandino, Og*
Vente: Une excellente façon de s'enrichir (La) *Gandolfo, Joe*
Vie de Dale Carnegie (La) *Kemp, Giles* et *Claflin, Edward*
Vie est magnifique (La) *Jones, Charlie «T.»*
Vivez en première classe *Thurston Hurst, Kenneth*
Votre désir brûlant *Atkinson, W.W.* et *Beals, Edward E.*
Votre droit absolu à la richesse *Murphy, Joseph*
Votre foi totale *Atkinson, W.W.* et *Beals, Edward E.*
Votre force intérieure = T.N.T. *Bristol, Claude M.* et *Sherman, Harold*
Votre passe-partout vers la richesse *Hill, Napoleon*
Votre plus grand pouvoir *Kohe, J. Martin*
Votre pouvoir personnel *Atkinson, W.W.* et *Beals, Edward E.*
Votre puissance créatrice *Atkinson, W.W.* et *Beals, Edward E.*
Votre subconscient et ses pouvoirs *Atkinson, W.W.* et *Beals, Edward E.*
Votre volonté de gagner *Atkinson, W.W.* et *Beals, Edward E.*

CASSETTES

Après la pluie, le beau temps! *Schuller, Robert H.*
    Narrateur: Jean Yale
Assurez-vous de gagner *Waitley, Denis*
    Narrateur: Marc Fortin
Comment attirer l'argent *Murphy, Joseph*
    Narrateur: Mario Desmarais
Comment contrôler votre temps et votre vie *Lakein, Alan*
    Narrateur: Gaétan Montreuil
Comment se fixer des buts et les atteindre *Addington, Jack E.*
    Narrateur: Jean Fontaine

En vente chez votre libraire ou à la maison d'édition
Prix sujets à changement sans préavis

Si vous désirez obtenir le catalogue de nos parutions
il vous suffit de nous écrire aux éditions
Un monde différent ltée,
3925, boulevard Grande-Allée,
Saint-Hubert (Québec), Canada   J4T 2V8
ou de composer le (514) 656-2660

MARQUIS

octobre 1991